正面管教
养育实践

蒋莉 著

最好的养育
是学会爱

知识产权出版社

全国百佳图书出版单位

—北京—

图书在版编目（CIP）数据

正面管教养育实践 / 蒋莉著. — 北京：知识产权出版社，2024.1（2024.5重印）

ISBN 978-7-5130-9167-1

Ⅰ.①正⋯ Ⅱ.①蒋⋯ Ⅲ.①家庭教育 Ⅳ.①G78

中国国家版本馆CIP数据核字（2024）第009094号

策划编辑：刘林波 　　　　责任校对：潘凤越

责任编辑：常玉轩 　　　　责任印制：刘译文

封面设计：曾惠晶

正面管教养育实践

蒋 莉 著

出版发行：	知识产权出版社 有限责任公司	网　址：	http：//www.ipph.cn
社　址：	北京市海淀区气象路 50 号院	邮　编：	100081
责编电话：	010-82000860 转 8572	责编邮箱：	changyuxuan08@163.com
发行电话：	010-82000860 转 8101/8102	发行传真：	010-82000893/82005070/82000270
印　刷：	三河市国英印务有限公司	经　销：	新华书店、各大网上书店及相关专业书店
开　本：	880mm×1230mm　1/32	印　张：	10
版　次：	2024 年 1 月第 1 版	印　次：	2024 年 5 月第 2 次印刷
字　数：	212 千字	定　价：	56.00 元

ISBN 978-7-5130-9167-1

目 录

01

基础理念篇 001
和善而坚定

正面管教的核心理念是和善而坚定。只有在和善而坚定的教养氛围中，才能培养孩子的自律、合作和社会责任感，才能教给孩子良好的品格和人生技能。理解家庭教育的底层逻辑，构建属于自己的家庭教育蓝图，寻找合适的方法深入实践。

02

情绪管理篇
感觉好，才能做得好

情绪是沟通的底层机制，只有在亲子双方情绪平和的情况下，才会达成有效的沟通。情绪管理是我们一生的功课，父母学会管理好自己的情绪，不仅能为孩子树立良好的榜样，也能教导孩子掌握必要的情绪管理技能。

03

亲子沟通篇
良好的关系胜过良好的教育

良好的亲子关系，是家庭教育的基础。尊重孩子，真正地理解孩子，让孩子感受到爱，让平等、尊重、信任、关爱成为家庭生活的主旋律，这样家长和孩子都能获得精神上的愉悦。要以春风化雨的形式，鼓励和支持孩子的身心健康发展。

04

问题解决篇
赢了孩子VS赢得孩子

　　正面管教关注问题解决。当我们以尊重的态度把问题交给孩子时，就会让他们体验到价值感和归属感，就能赢得孩子们的合作；孩子们就能学会如何与他人相处，掌握面对未来挑战的工具和方法。

05

成长阶段篇
做自己孩子的育儿专家

在不同的人生发展阶段，孩子有着不同的心理特征和规律。孩子的发展既有普遍的规律性，又有其自身独特的个性特点。遵循孩子的身心发展特点，因材施教，是父母成长的必修课。

06

多元应用篇
正面管教，是一种生活方式……

正面管教是一门发展人际关系技能的学问，不仅适用于亲子关系，而且适用于一切的人际关系。将和善而坚定的态度，融入你的工作和生活当中，活出正面管教的精神。践行正面管教，成为更好的父母，也将有助于你的职业发展和自我成长。

全球视野 本土行动

简·韦德·波梅兰茨

正面管教高级导师，美国加利福尼亚州圣克鲁斯市前市长

　　我和蒋莉博士的缘分源于2014年，那年6月，我收到了蒋莉博士的一封邮件，这真是我人生中的一份礼物。她当时计划访学美国，正面管教联合创始人简·尼尔森博士亲自向蒋莉博士推荐了我们的非营利组织——"正面管教社区资源"。我们的组织创建于2009年，位于加利福尼亚州的圣克鲁斯，活跃在加州中部海岸，致力于在社区应用正面管教，我们为正面管教工作坊、课程和培训建立了导师和讲师网络。尽管当时规模不如现在这么大，但是我们与学校、日托中心、社区组织以及刑事司法系统（监狱）内部合作的家庭教育项目都很强大，并且不断地发展壮大，为此我感到非常自豪。蒋莉博士特别关注我们是如何在社区里教授和应用正面管教的，这让我感到格外荣幸。

　　2014年11月，蒋莉博士来到美国访学半年，更令我开心的是，她住进了我的家里，我们一起参加各种正面管教的社区活

动，彼此分享各自的成长、在推广正面管教过程中的经历和收获，以及对未来的一些展望。在这半年的接触中，我发现蒋莉博士对于心理学充满热情，特别是对将正面管教带给中国家庭怀有责任感。她之所以全身心投入正面管教的传播，是因为她看到了心理学理论和实际应用的完美结合。她亲历了我们是如何培训讲师、咨询师和护理人员的，亲眼见证了正面管教如何给家庭、学校和社区带来真实的变化。

正面管教理论植根于阿尔弗雷德·阿德勒的研究，其基础是我们对原生家庭和社区有着一种内在需求：归属感和价值感。如果我们觉得这些需求得到了满足，就会自然而然地以有意义的方式回馈我们的家庭、课堂、工作场所和社区。个体拥有归属感和价值感，然后帮助他人感受到归属感和价值感，这种反馈循环促进了我们的连接、能力和意义感。阿德勒创造了一个词"gemeinschaftsgefühl"来描述这种社会兴趣，即改善我们自己和周围的人，有助于我们的健康和幸福。我很庆幸我从小就拥有了这些观念，因为我的父母也是对个体和社区心理学非常感兴趣的知识分子。

这样看来，我致力于推广正面管教，或许源于我年幼时的经历。我在13岁时参与了反对越南战争的运动，和家人搬到宾夕法尼亚州费城后，亲眼目睹了城市贫困所带来的破坏。上大学时，我就开始在加州从事社区活动，努力为那些遭受创伤的人们带来和平，让人们的生活变得更好。我与其他人一起努力，将社区成员聚集在一起，关心他们的周围环境，满足他们的基本需求并提高他们的生活质量。初为人母后不久，我选择了竞选公职。1983

年，我当选为加州圣克鲁斯市的议会议员，并于20世纪80年代中期成为该市的副市长和市长。这让我有机会与这座城市的人们一起工作，听取社区成员所关注的事情和想法，并制定有效的政策。

我还进行了各种国际交流，看看其他人是如何开展类似工作的，并通过一个名为"姐妹城市"的全球项目建立了关系和交流。从整体上看，人类是心理、精神和身体的统一体。我们也是这个星球的公民，我们的选择和行为极大地影响着这个星球。如果社会上的人们能够理解我们作为全球公民相互联系着，那将是最好的事情。就像我曾经看到一辆汽车的贴纸上写着："全球视野，本土行动"。

1996年，当我在"培养有能力的人"课程中读到《正面管教》一书时，我决定将我的职业生涯奉献给正面管教，提升父母和教师在养育中的乐趣，从而在根本上预防虐待儿童现象的发生。正如阿德勒所说："意义不是由情境决定的，而是由我们赋予情境的意义来决定的。"换句话说，重要的不是发生的事情，而是我们对发生事情的决定。我们时时刻刻都在做决定——包括有意识的和无意识的。

我和蒋莉博士的合作并没有止于那次访学。2018年，作为正面管教高级导师，我有幸在中国旅行和培训了两个月。那年春天，我在上海参加了中国首届正面管教智库，并担任正面管教导师认证培训的高级导师。会后，我来到了佛山，和蒋莉博士一起工作。我们举办了一期正面管教学校讲师班，还参观了一所学校，会见了学校领导，观摩了蒋莉博士亲自带领的一堂正面管教班会，彼时她正在这所学校推广正面管教。

最新的脑科学研究成果，使得我们在理解人类的心理机制方面取得了巨大的进展。人们常说"大脑是关于关系的"。阿德勒说："重要的不是发生在我们身上的事情，而是我们对此做出的决定。"我们可以在和善而坚定的基础上积极主动地、深思熟虑地建立富有同情心的关系，为爱的关系和健康的生活树立典范。这种方法不是应用技巧，而是建立关系，它完全不同于"通过权力和力量来使孩子服从"。技巧常常是公式化的、脱离内心的，可能会让人感觉很肤浅。孩子们能够看穿这种虚伪，知道成人是"针对"他们而不是"与他们一起"做事情。

当你阅读这本书时，你会发现，蒋莉博士通过简洁的语言、生动的案例，把这些看似复杂的理论知识变得浅显易懂，而且极具实用性。她的专业、热情、责任心和蓬勃的生命状态将深深地感染每一位读者。

孩子的养育者和照顾者是社会中普遍存在的角色，是孩子健康成长的基础。在这本书中，蒋莉博士将揭示"接纳每个人都独一无二"的价值，以及理解我们所经历的各个发展阶段的重要性。无论我们练习什么，我们都会变得更好，请记住，错误是学习的好机会！

最后，我也非常兴奋地告诉大家："全球视野，本土行动"，这就是蒋莉博士一直努力在中国所践行的，不仅要有高瞻远瞩的全球视野和世界眼光，还要体现中国特色的本土化行动。我相信本书的读者都能从中体会到正面管教本土化的精妙之处。

在正面管教中修与行

文东茅

北京大学社会科学学部副主任，北京大学教育学院教授、原院长

　　蒋莉博士是我的大学同学，1986年我们入学时她刚满17岁，是班上年龄最小的学生，加之长着一张娃娃脸，整天都是天真烂漫、无忧无虑的样子，于是她就成了全班人见人爱的小妹妹。转眼就快四十年过去了，班上不少同学都已经退休，其他人也大多有了退休心态，准备保养身体、安享晚年了，唯独蒋莉似乎有"冻龄术"，不仅外表上还是那么年轻、健康，心态上也同样那么乐观开朗、朝气蓬勃，每次相聚，她活泼欢快的笑声都会感染每一个人。更重要的是，她对工作仍然充满激情，完全没有退休心态，她说她要工作一辈子。究其原因，我觉得很可能是她找到了"正面管教"这一灵丹妙药：她已经将正面管教的理念内化于心、外化于行，既以其育儿、教学、做公益，也以其修身、修心。正面管教成为她的人生信念和生活方式，也让她展现出了积极向上的精神气质和生命状态。

蒋莉博士在正面管教领域可谓得到了真传：她不仅得到了正面管教创始人简·尼尔森博士的亲自教导，还受邀到美国正面管教高级导师波梅兰茨女士家中住家学习了半年，不仅得到了"言传"，更是在朝夕相处、耳濡目染中得到了"身教"。蒋莉天资很高，而且真知笃行，她很快就成为了正面管教讲师，进而成为家长导师、学校导师；她不仅将正面管教带到了社区和学校，还培养了200多位正面管教讲师。她创办的家长"幸福成长读书会"已经坚持了9年，举办了90多期读书分享活动；她发起成立的佛山正面管教互助平台每月举办一次互助活动，也已经举办了80多期。通过长期的学习和实践，她也逐渐扩大了影响力，为自己赢得了"正面管教专家"的口碑和身份，并受邀为北京大学、中国儿童中心、中国教育三十人论坛等上百家单位和组织开展不同形式的正面管教培训与分享，可谓备受欢迎。

　　大多数人读《正面管教》，就是把它视为"育儿宝典"，从中学习一些可对症下药的育儿方法，如家庭会议、积极暂停、特别时光、积极鼓励、关注问题解决等。其实，这些仍然只是关于"怎么做"的"术"，只有更进一步理解"为什么要这样做"，才算是掌握了原理或"道"。正面管教的思想基础是阿德勒的心理学理念。阿德勒认为，人是社会性的，具有与生俱来的"社会情怀"或"集体意识"；追求价值感和归属感是人生的首要目的，也是人超越自卑、获得自信和幸福的基本途径。因此，与经典精神分析学派注重原因论和因果分析不同，阿德勒更注重目的论和人生意义，更强调社会责任感，强调立足当下、放眼未来。在儿童教育方面，他强调尊重、平等，培养孩子的自主选择能力和自我激励能力，主张个人成长和人生幸福的"自我决定论"。这些思想无疑与中国传统文化有高度的相似性。作为一位中国的心理学博士，蒋莉在理解和把握阿德勒思想方面显然具有得天独厚的优势，因而也就更有能力实现融会贯通，在实践运用中进行创造性转化。这也是本书的重要价值之一：从中国学者的视角理解和运用阿德勒心理学，以中国的本土实践进一步丰富和提升正面管教理论。

"管教"一词在中文中常常带有权威、强制的意味，表示对他人进行"管理""教导"甚至"教训"，因此将"Positive discipline"翻译为"正面管教"也经常会引起误解或争议，尤其是孩子们会误以为大人们研究了一整套方法来"管教"自己。蒋莉在实践正面管教时则完全没有这些顾虑。一方面，在她开始接触正面管教时，所看到的是正面管教高级导师在美国的实践，没有强制、管教的色彩；另一方面，当时她的女儿已经高三，没有太多机会也不太需要她去"管教"。在她看来，正面管教就是一套和善而坚定的积极教育原则，这套原则不只是用以"管教"孩子和他人，而更应该用来引导家长和孩子"管教"好自己：管理好自己的本能、偏见、情绪、言行，从而"教导"自己以积极、自信、利他、尽责的方式选择自己的生活，以平等、友爱、合作、尊重的方式对待他人。这些也与中国传统文化强调的"修身为本""反求诸己""忠恕之道"等思想高度契合，因为当一个人注重自己的修身，就会改变心态和气质；也只有做好了修身，才能更好地实现与他人的相互理解和沟通，也才能在率先垂范、言传身教中更好地育儿、齐家、教学、工作。在这方面，蒋莉可谓活成了大家的榜样，至少我自己非常希望在如今的年龄能活成她那样的生命状态。

　　蒋莉的这本书，不仅可以视为正面管教思想在中国家庭和教育中的实践案例，更应该视为中国学者对正面管教的创新性转化，从更多注重"对外"的育儿，转向首先加强"对内"的自我修养。读这本书，既是为了养育出能够自我管教的孩子，更应该是为了学习如何修养和提升自己。

　　希望更多的人能带着正面管教的理念，开启向上向善的人生。

和善而坚定，以生命影响生命

缘起，访学

2022年4月23日晚上8点，北京大学首期"幸福亲师"研修班400多名学员参加了我主讲的正面管教讲座，尽管是线上分享，课堂仍然呈现出欢乐互动的气氛。学员们收获满满，留言道："蒋莉老师是喜悦绽放的人生榜样。"

讲座结束后，我接到"幸福亲师"项目负责人、北京大学教授文东茅先生的电话，他赞扬道："讲得真好，游刃有余，渐入化境。"文教授还是我的大学同学，我们分享了对家庭教育、幸福教育的憧憬和实践，他鼓励我在正面管教这条道路上坚定地走下去，做正面管教领域的中国专家。得知消息的其他同学也纷纷向我表达祝贺："恭喜蒋莉博士荣登北大讲坛！"

欣喜之余，我不禁回想起和正面管教结缘的故事。

时光穿梭到2013年6月，彼时通过学校的选拔，我获得了出国访学的资格，这让我既兴奋又迷茫。兴奋的是，我学的心理学专业，一直被称为"舶来品"，现在我终于有机会走出国门，去感受原汁原味的专业熏陶。迷茫的是，我需要自己联系访学导师，这也意味着我站在一个新的起点，该如何选准一个专业方向持续深耕？

为了保证出国交流的效果，我走进了国际演讲俱乐部，认识了英语专业的鄢李星，我们结成互助学习小组，她教我英语，我教她心理学。有一次，她从深圳回来，兴致勃勃地和我分享了一个正面管教讲座，我上网搜索了一番，原来正面管教是以阿德勒学派理论为基础的家庭教育体系，挺不错的。她还找到了正面管教讲师班课程的网上视频，邀请我一起学。可我正在联系访学，哪有精力学正面管教？我感到有些犹豫。不过，那个视频是纯英语教学的，她说："你就当学英语好了。"于是，我就抱着这样的心态走近了正面管教。

2014年1月，我们正式开始学习正面管教，没想到，刚一接触，我就被深深吸引了。从本科到硕士、博士，尽管我经过了系统的心理学专业学习和训练，也读过不少心理学英文专著，但依然能感受到正面管教强大的吸引力！"相信过程""要有不完美的勇气"，这两句话更是击中了我的内心。通过课程视频录像，我还见到了正面管教的两位创始人——简·尼尔森和琳·洛特，当时她们都年过70，还在不断地教学和创造，让我感受到青春的气息。没错，我用的是"青春"两个字！我找到了未来前行的方向和榜样。

我心中有种渴望，就是想要打通一条理论联系实际的"绿色通道"。正面管教有阿德勒学派的深厚理论基础，又有独特的体验式活动，还有一系列的实用练习工具，这不正是我寻觅的专业方向吗？

这个网上培训课程是要求提交实践作业的，其中有一道题，需要写出自己的正面管教计划，我写的是"致力于正面管教的传播和研究，希望去美国的相关高校访学"。当时简·尼尔森博士亲自点评了作业，她让我写邮件与正面管教协会的负责人乔伊联系。乔伊马上给我回了信，并把邮件抄送给了正面管教的两位创始人。第二天，我就收到了简·尼尔森博士的回信，她说，很高兴我能到美国访学，研究正面管教。为了充分利用这半年的时间，选择合适的机构非常关键。她推荐了三位正面管教高级导师，分别生活在不同的城市，各自在当地有非营利组织，开设了很多正面管教工作坊，影响广泛。

很快，我就收到了正面管教高级导师简·韦德·波梅兰茨的盛情邀请。她生活在旧金山附近的圣克鲁斯，所在的非营利组织在幼儿园、小学、中学、医院甚至监狱开展了一系列正面管教工作；她还答应介绍我认识加州大学圣克鲁斯分校的心理学教授，这位教授正在开展正面管教的量化研究。

就这样，我有幸得到了正面管教创始人简·尼尔森博士的推荐，去美国访问学习正面管教，住在波梅兰茨家中，和她朝夕相处了半年。波梅兰茨32岁时曾担任过圣克鲁斯的市长，在当地影响力很大。跟随着她的脚步，我亲眼见识了正面管教在美国的发展和应用。她身体力行的"全球视野，本土行动"理念，是我访学中得到的最珍贵的礼物，后来成为我的行动指南，并影响了身边很多人。

得到了这样好的学习机会，我是多么幸运！

探索与成效

说起和正面管教结缘的故事，我常常感慨，这是一种偶然，也是一种必然。"偶然"是指我因为学英语遇见了正面管教，那"必然"又怎么讲呢？

时间拉回到1986年，我刚刚上大学，第一门专业课就是"普通心理学"。我怀着好奇的心，踏进了一个崭新的领域，从此爱上了心理学，立志要把心理学常识普及给更多的人。

大学毕业后，我到一所高校任教，从事心理学的教学和科研。女儿出生后，我把心理学知识用于养育当中，还把心理学的经典实验编成故事讲给孩子听。为了进一步深造，在我女儿三岁半的时候，我考上了"发展与教育心理学"专业研究生。毕业一年后，又考上了"应用心理学"专业的博士。

我常常琢磨着我的博士专业名称，思考着如何"应用"心理学。博士毕业后，我来到了佛山工作，通过多年的耕耘，在社会心理服务方面取得了一系列成果。2011年，我主持完成了佛山市重点课题"佛山市社会心理服务体系的构建"。2012年，我主持的教学成果"以社会心理服务为导向，构建心理学应用型人才的实践教学体系"获得了学校教学成果奖的第一名。

一直从事着自己热爱的专业工作，我感到很幸运，我最大的梦想是让心理学的阳光照进更多人的心田。这个梦想，仿佛生命中的北极星，引领着我，直到有一天与正面管教相遇。

2015年5月，我从美国访学归来，信心百倍地计划着将正面管教引入专业建设中。哪里料到，等待我的却是一段心情低落的时期。

彼时我在学院里完成了访学汇报"遇见正面管教"，踌躇满志，然而不到两个月就接到通知：学校要转型发展成"高水平理工科大学"，有些专业需要调整。应用心理学专业，是我博士毕业时作为引进人才和同事一起创办的，10年来不知倾注了我们多少的心血，逐渐建立了"社会心理服务"的专业品牌，得到了学生和社会的认可。如今，却面临着停招的可能。

在这痛苦迷茫的时刻，我能做些什么呢？我想到了阿德勒理念对我的启发："行动起来，做你可以做的事情。"2015年10月，教育部印发了《关于加强家庭教育工作的指导意见》。时代呼唤着家庭教育，我可以继续分享正面管教，这不正契合我的"应用心理学服务社会"的初心吗？我又想起了琳·洛特的鼓励："走出去，去教课。保持激情，一个一个人、一节一节课地去改变世界。"于是，我走进社区，走进中小学校，做正面管教讲座。

自2014年3月开设了第一期家长班以来，我已在正面管教这个领域里深耕了十年，通过读书会、沙龙、讲座、工作坊、讲师班等多种形式，为北京大学、中国儿童中心等100多家单位举办了各种各样的正面管教培训，影响了数万个家庭和孩子。

分享是最好的学习，在传播正面管教的道路上，我的理论水平和实践能力都得到了非常大的提升。2016年9月，我成为正面管教家长导师，三年后，成为正面管教学校导师，培养了200多名来自海内外的讲师。2019年，中国第一届正面管教智库举办，我负责美国高级导师和国内讲师团的统筹协调。2022年，我成为北京大学幸福教育项目的特邀专家以及广州市天河区"正面教育校际联盟"的专家顾问。

在这个过程中，正面管教也逐渐成为我的生活方式，"和善而坚定"地引领着女儿的成长。2019年我生日时，在美国哥伦比亚大学留学的女儿专门手写了一封祝福信，亲切地称呼我为"老妈同学"。她写道："感谢你对我的耐心指导，教育我如何成为一个有担当、有抱负、和善而坚定的人。"

2020年女儿研究生毕业的时候，全球新冠疫情暴发，在这样的就业冰季，女儿的焦灼、失落可想而知。幸运的是，在她留学美国期间，我们也一直坚持开正面管教家庭会议。可以说，正是30多次的家庭会议，陪伴女儿穿越了至暗时刻。后来，女儿在美国硅谷找到了满意的工作，开启了新的人生旅程。直到现在，女儿已经成家立业了，我们还会在线上进行家庭会议，这已经成为我们的家庭文化传统，把爱继续传承下去。2022年，作为特邀嘉宾，我还在"中国教育30人论坛"专门分享了"家庭会议"这个主题。

感悟和期待

遇见正面管教，让我遇见了更广阔的世界。

学习正面管教之后，为了促进家长们的持续成长，我在2014年初着手创办了"幸福成长读书会"，每月进行一次读书分享。书目并无局限，旨在扩大家长朋友们的视野。如今读书会已经走过了十年，举办了90多期活动。

为了更好地传播正面管教，从2017年开始，我们成立了佛山正面管教互助平台，既帮助专业讲师成长，也帮助家长学习了解正面管教。平台每月举办一次互助活动，目前已有80多期，大家亲切地将其称为"属于我们的特别时光"。

此外，平台每年举办一次正面管教年会，这也是国内首创的地域性正面管教年会。因疫情原因，2021年我们举办了线上年会，不仅吸引了全国各地的朋友们，还吸引了来自美国、马来西亚的小伙伴。我不禁感慨，在佛山这片土地上不断践行"全球视野，本土行动"这一理念，终有一天，我们也能"立足本地，放眼世界"了。

"读万卷书，行万里路"是我从小的愿望。因为正面管教，我把心心念念的读书会开起来了。因为正面管教，我每年去参加阿德勒夏季学院（ICASSI）。这个夏季学院每年在不同的国家举办。"跟着ICASSI环游世界"，开启了我的人生新篇章，我要把世界当成终身学习的教室。2019年，阿德勒夏季学院在罗马尼亚举行，那一年，我独自完成了欧洲5国31天的自由行。

2021年，"双减"政策的出台和《中华人民共和国家庭教育促进法》的颁布实施，开启了一个新的家庭教育时代。2023年1月，教育部等13个部门联合印发了《关于健全学校家庭社会协同育人机制的意见》，提出，到2035年，形成定位清晰、机制健全、联动紧密、科学高效的学校、家庭、社会协同育人机制。作为理论和实践高度融合的家庭教育体系，正面管教越来越多地引起了学校和父母的关注，广州市天河区"正面教育校际联盟"已有80多所中小学和幼儿园加入，《正面管教》（简·尼尔森著，北京联合出版公司出版）系列书籍在国内销量已超过700万册。

很多人反映，正面管教的理念似乎不难理解，难的是实践。你正在阅读的这本书，的确凝结了我将正面管教应用于工作和生活的实践经验，希望能给大家带来一些启发和帮助。我会继续践行"全球视野，本土行动"，带领更多的家长开启自己的育己、

作者蒋莉与简·尼尔森在一起

作者蒋莉与波梅兰茨在一起

育儿之旅。我相信，一位好父母，幸福三代人！

育儿先育己，走过28年的育儿与成长之路，我深切领悟到，正面管教倡导的"和善而坚定"，是每个人都需要的生活态度。更重要的是，正面管教人人可学。不仅家长可以学，无须育儿的成年人和青少年也都有各自适合的课程。只要探索"正面管教+"模式，将正面管教和自己的工作、学习、生活以及兴趣爱好有机地融合在一起，就能带来生命的改变。

2022年，简·尼尔森博士正式入驻抖音，她的首次直播吸引了240多万人次的观看。80多岁的她，活出了和善而坚定的人生状态，深深地影响着很多人。现在，我有两个美丽的愿望，都是因简·尼尔森而来的，那就是：

当我80岁的时候，我至少去过80个国家；

当我80岁的时候，我还在传播正面管教。

01

基础理念篇
和善而坚定

　　正面管教的核心理念是和善而坚定。只有在和善而坚定的教养氛围中，才能培养孩子的自律、合作和社会责任感，才能教给孩子良好的品格和人生技能。理解家庭教育的底层逻辑，构建属于自己的家庭教育蓝图，寻找合适的方法深入实践。

做和善而坚定的家长

> 如何在尊重孩子、给孩子平等自由的同时，让孩子尊重规则、承担责任、赢得合作，这是现代教育的基础课题，也是现代父母要面对的永恒挑战。
>
> ——鲁道夫·德雷克斯

有位妈妈和她五岁的孩子约法三章：如果孩子晚上9:30之前睡觉，她就给孩子讲两个故事，晚上10:00之前睡觉就讲一个故事，晚上10:30以后睡觉就不讲故事。他们把这个规则写成文字，贴在客厅的墙壁上，还分别签上了名字。

有一次父亲节，他们一家三口外出庆祝，晚上回到家已是10:30了，孩子希望听故事，妈妈说已有约定不能讲。孩子抱怨说：都是你们带我出去过父亲节的。妈妈坚决不同意讲故事，最后孩子只能哭哭啼啼睡了，好好的父亲节变成了孩子无法听故事的"罪魁祸首"。

这位妈妈来找我咨询，一方面她感到有些内疚，孩子是哭着入睡的，当妈妈的很心疼；另一方面她也感到有些困惑：坚持不讲故事会让孩子很难过，但如果讲了，不就破坏规则了吗？如果制定的规则不遵守，以后她说话还算数吗？

与这位严格遵守约定的妈妈相反的另一种家庭，则是没有什么约定。孩子听完一个故事又要听第二个、第三个，没完没了。父母也比较随心所欲，心情好的时候，愿意给孩子多讲故事，充分满足孩子的心愿；忙起来的时候，累得无法给孩子讲太多故事，却又不想破坏孩子的阅读兴趣，就会感到很矛盾。

以上两种现象普遍存在，这其实就触及正面管教的核心：父母如何做到和善而坚定？

正面管教的核心理念：和善而坚定

正面管教（positive discipline）以阿尔弗雷德·阿德勒和鲁道夫·德雷克斯的个体心理学为理论基础，经简·尼尔森和琳·洛特发展完善，成为经典的家庭教育体系和教师培训体系，迄今已有40多年的历史，在全球90个国家广为传播。

有些人一开始听到"正面管教"，会感到不舒服，主要是"管教"这个词让人有些反感。例如有个特殊机构叫"少管所"，只有对那些实施了违法行为的青少年，才会用到"管教"。平时学校里说的是"教育"，哪里会用"管教"？当然，在生活中，也有个别家长面对犯错的孩子，会说："要好好管教你！"这听上去更像是"惩罚"。

那"正面管教"中"管教"的真正涵义是什么呢？正面管教创始人简·尼尔森在《正面管教》一书中写道：

"管教"（discipline）来源于拉丁文discipulus或disciplini，

意思是"真理和原则的追随者"或"受尊敬的领导人"。孩子和学生要成为真理和原则的追随者，他们的动力必须来自内在的自我控制，也就是说，他们必须学会自律。

常常有人问我，你能用一句话概括正面管教吗？我认为应该是：正面管教的核心理念就是和善而坚定。只有在和善而坚定的教养氛围中，给予孩子合作的空间，才能培养孩子的独立、自律和社会责任感，从而使孩子发展出良好的品格和人生技能。

所谓"和善"就是尊重孩子、尊重别人；所谓"坚定"就是尊重自己、尊重当时的情形。和别人相处时不卑不亢，就是正面管教的和善而坚定。过于和善，就像芦苇一样，风吹向哪边，就摆向哪边，没有自己的立场；过于坚定，就像石头一样，坚硬、冰冷，缺乏温度，拒人千里之外。和善而坚定，就是要有自己的原则，自己的底线，但也可以根据情形做出相应的灵活变化。就像一棵大树，深深地扎根于土壤之中，风来了，树枝会随风起舞，树根则坚如磐石。

正面管教强调的是"和善与坚定并行"，但很多家长却把和善和坚定看成非此即彼的对立关系。有些家长表现得过于和善，因为他们想避免过于坚定所带来的消极后果——亲子关系疏远、孩子反叛或没有主见等；有些家长表现得过于坚定，因为他们想避免过于和善所带来的消极后果——溺爱孩子、使孩子缺乏规则等；还有些家长在过于和善和过于坚定的两个极端之间摇摆不定。最后这种情况分为两类，一类家长在开始时为了建立良好的关系，表现得非常和善，当孩子不断挑战其底线时，家长就会精疲力尽，甚至大发雷霆。比如说，孩子希望你为他讲睡前故事，你讲了一个又一个，刚开始还有好心情，当讲七八个的时候你崩溃了，最后吼着叫着，匆忙收场。另一类家长则相反，一开始过于坚定，说一不二，甚至还有些蛮横，可事后又感到后悔、内疚，忍不住想给孩子一些心理补偿，千方百计地去讨好孩子。

为了帮助家长通过身体感觉来体会"和善而坚定"，正面管教专门设计了一个体验式活动——"想象自己是一棵树"。活动中，家长们站起来，两两搭档，分别体会"过于坚定""过于和善""和善而坚定"的身体感受。当家长志愿者要表现"过于坚定"的态度时，就会绷紧身体，呈现对抗状态，此时他的搭档试着推他却推不动，彼此都有种紧张或受伤的感觉；当家长志愿者要表现"过于和善"的态度时，会让身体过于松弛，搭档轻轻一推，他就会呈现出快要跌倒的样子，处于失控的状态；当家长志愿者要表现"和善而坚定"的态度时，则会两腿分立，与肩同宽，想象自己是一颗大树，脚部就好比树根，伸开的双臂就好比树枝。这时，他深深地吸一口气，让树根紧紧地扎根于土壤之中。搭档来推他的肩膀时，他的身体会有摆动，但由于双脚是稳稳站住的，身体在轻微的摇摆后很快就会恢复到原位，就好比一阵大风来时，树枝摇曳，树叶沙沙作响，但树干屹立不倒。

通过这个体验式活动，我们可以体会到：和善与坚定是可以同时兼顾的。就像我们古代的钱币一样，外圆内方，是一个整体。这意味着，和孩子相处，我们既要有自己的原则，也要有一定的灵活性，就像我们常常所说的"左手规则右手爱"。

回到开篇的那个故事，那位妈妈表现得"过于坚定"。如果要做到"和善而坚定"，可以怎么做呢？可以给孩子讲故事，说今天是父亲节，我们特殊情况特殊对待；也可以在回家的路上和孩子商量，这么晚了，今天是否要讲故事？妈妈也疲惫了，今天可不可以讲一个短一点的故事？或者明天多讲一个故事？或者今天妈妈不讲故事，通过网络放一个故事音频？总之，方法总比问题多！最后选择哪个办法并不重要，重要的是父母和孩子共同协商，一起去解决问题；更重要的是，把这些出乎我们意料之外的情形，看成一个培养孩子良好品格和人生技能的好机会。

你属于哪种养育风格

不同的养育风格会形成截然不同的亲子关系，父母了解自己的养育风格，是一种觉察，而觉察是改变的开始。

如果将和善和坚定作为两个维度，可以划分出四个象限，也就是四种养育风格：高度坚定而和善不足、高度和善而坚定不足、既不和善也不坚定、高度和善且高度坚定。[1] 你属于哪个象限的养育风格呢？

----

1 参见拉萨拉，麦克维蒂，史密莎. 正面管教学校讲师指南[M]. 《正面管教学校讲师指南》翻译组，译. 北京：北京联合出版公司，2022：237。

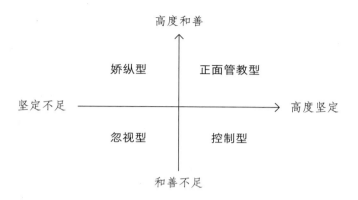

第一种养育风格是控制型，高度坚定而和善不足。在这样的家庭里，你会看到什么呢？父母高压管理，孩子胆小、叛逆、情绪不稳定、自卑、懦弱、自我压抑、阳奉阴违、说谎、没有主见、没有安全感、不懂得爱他人，等等。在这样的家庭里，父母说什么孩子就必须做什么，孩子的所有权利都被剥夺了，他们总是依赖父母，永远没有机会学习承担责任，无法学会独立。那些信奉"棍棒教育"的父母，常常是这种类型。你会发现，在学校里喜欢打人的孩子，在家里常常是被父母打的。

第二种养育风格是娇纵型，高度和善而坚定不足。在这样的家庭里，没有规则，没有力量，孩子想做什么就做什么，任性、缺乏责任感、自私、霸道、没有礼貌……父母管不住孩子，反而过度保护、溺爱、袒护自己的孩子，这样就会剥夺他们的自立能力。《如何让孩子成年又成人》作者朱莉曾任美国斯坦福大学新生教务长，她在书里提到美国父母的过度养育，真是让我大跌眼镜，看来过度养育的父母在国内外都不少见。这种父母也被称为"直升机父母"，他们就像直升机一样盘旋在孩子的头顶，时时刻刻看着孩子的一举一动，随时来解决孩子面临的问题。

第三种养育风格是忽视型，既不和善也不坚定。现代人的生活忙忙碌碌，很多父母忙于生计，无暇照顾孩子，就可能成为这种类型。在这样的家庭里，孩子感到被忽视，但还不能理解背后的原因，就可能认为这种忽视是针对自己的。他们在家庭里没有存在感，感到疏离、迷茫，缺乏连接，不懂得爱。在这样的家庭里，即使父母提供了富裕的物质条件，孩子依然感受不到父母的爱。就像新加坡电影《小孩不笨2》中有一个家庭，生活条件很优越，但父母忙于工作，几乎一周都说不了几句话。孩子们感受不到家庭的快乐，大儿子感慨道："慢慢地，我知道这个家只是让我睡觉的地方。这个家虽然什么都有，其实什么都没有。"

第四种养育风格是高度和善又高度坚定，我们称之为正面管教的养育方式。在这样的家庭里，既有自由，也有秩序，家长和孩子共同拥有权力，共同解决问题。孩子会表现出性格稳定、自信、有原则、勇敢、识大体、懂规矩、自尊自爱、有主见、有边界、独立、合作等特点。这是一个民主型的养育方式，父母知道，和孩子一起协商制定的规则，孩子会更愿意去遵守。

如果你觉得"和善而坚定"还是有些抽象，难以理解，不妨把"和善"这个词理解为"连接"，就是和孩子保持情感连接，让孩子感受到父母是爱他的。这种授权型或民主型的养育方式就可以看成是"纠正前先连接"，当你希望孩子改正错误的时候，先让他感受到你的爱，让他感受到，你们是站在一起的，是共同去解决问题的。

比较而言，前三种养育风格都注重短期效果，容易让人丧失信心，第四种则是鼓励式的，是注重长期效果的养育。

我的故事：和善与坚定并行

相互尊重是现代社会生存的重要法则。我们教育孩子的时候，不妨问问自己：

我是否尊重了孩子？

我是否尊重了自己？

我是否尊重了当时的情形？

在这里，我想和大家分享一个自己的故事。当时我面临的两难处境就是"如何尊重孩子又尊重自己"，这可能是很多家长朋友们在现实生活中都无法回避的难题。

那时，我女儿正值青春期，也在追星，她的偶像是韩国演唱组合Super Junior（SJ）。女儿读初三时，SJ的全球巡回演唱会来到了广州，她很想去看。那时女儿的学习状态刚刚步入正轨，这个时候让她去看演唱会，我的内心还是挺纠结的。我同意她去看，但要求她必须和同学一起，结果她找不到同伴，一来大家追的星不一样，二来都到初三这个节骨眼儿了，谁家会同意孩子去看演唱会啊？但女儿一个人去我又不放心，闺蜜甚至劝我陪女儿一起去，就当送给女儿的礼物好了。我想了想，既然是礼物，总要送得心甘情愿啊，可我实在无法说服自己。

秉着真诚的态度，我如实地和女儿分享了我的感受和想法。我跟她商量：既然是全球巡演，除了广州，一定也会在其他城市演，可不可以这样，我们现在安心复习准备中考，中考后，如果下一场演出在国内，到时我陪她一起去看。女儿同意了。

女儿读高一的时候，SJ的巡演来到了澳门，我们决定去看这场演唱会。那时女儿在学校寄宿，我负责抢票。为了保证观演效果，我特意买了两张二等票，每张1680元，连女儿都没想到我会这么舍得花钱！

为了看演唱会，周五晚就要到澳门住，我负责向老师请假，为女儿打掩护。我们还一起参加了粉丝的应援活动，我看到SJ粉丝涵盖不同年龄，从事不同行业，有的都30岁了还在追星。他们还分享SJ给自己的生命带来的影响，我被深深感染了，也更能理解女儿的追星行为了。

待到演唱会开始，在大屏幕的特效中，SJ出场了，整个舞台流光溢彩，歌迷成为一片欢呼的"海洋"。SJ组合的九个人踏上四边闪着银光的方形小舞台，唱着跳着。只见这个小舞台随着音乐的节奏移动起来，一路滑行到了整个"王"字舞台的中心。突然间，小舞台升高了，SJ尽情地边唱边跳，大舞台的中心还冒出了喷泉。看到SJ闪亮登场、淋漓尽致地展现自我时，我已是热泪盈眶，霎那间，我心中涌出一种感悟：我们每个人都应该去找到那个属于自己的人生舞台！

我曾经问过女儿，为什么要去看SJ的演唱会？她引用了蔡康永的一句话："如果你有喜欢的歌手，你要想办法去听他们的现场演唱会，去跟其他和你一样喜欢他的人在一起。你不知道那个歌手会有名多久，你也不知道他会愿意活多久。你只能趁他还在的时候，让他变成你回忆的一部分。"

后来，我把这份经历发到新浪博客和微博上，很多中学生留言，说羡慕女儿有这样的妈妈。女儿笑着对我说："老妈，你'亮'了！"虽说那时我还没有接触到正面管教，但我深刻地感受到，在尊重孩子的同时尊重我们自己是多么重要！

在实际应用中，很多家长还是反映，和善和坚定之间的这个"度"很难把握。的确，这是很不容易的，需要反复练习，不是一朝一夕能够完成的。给自己时间，相信过程，不要奢望一夜之间就发生翻天覆地的变化，也不要为短时间内没有做到"和善而坚定"而感到沮丧和气馁。

要知道，正面管教的所有工具都是建立在和善而坚定的理念之上的，持续地学习使用正面管教工具，就可以慢慢地悟出"和善与坚定并行"的感觉，这就是"技进乎道"的境界吧！所谓"技进乎道"，是指当某项技艺达到巅峰后，再进一步前进便接触到了"道"。因此，家长们可以先选择一两个正面管教工具，如"启发式提问""特别时光""日常惯例表""有限的选择"等进行刻意练习。一开始至少练习一个月，久而久之就会形成一种习惯。当我们能熟练使用正面管教工具的时候，就可以拥有更多的智慧，成为"和善而坚定"的父母了。

小练习　　　写下你过于和善或过于坚定的情形，然后想想看，如果采用"和善而坚定"的方法，你会怎么做？又会有什么变化？

------- 育 儿 小 贴 士 -------

如何做到和善与坚定并行

1. 先连接，再纠正。要求孩子改正错误之前，先让孩子感受到你们之间的情感连接，感受到爱。

2. 平等地对待孩子。既不高高在上，也不委屈讨好孩子。相互尊重，想办法赢得孩子的合作。

3. 每次练习使用一种正面管教工具，如"特别时光""有限的选择""启发式提问""积极暂停""坚持下来"，慢慢领悟到"和善与坚定并行"的智慧。

4. 选择正面管教金句作为座右铭，放在明显的地方，提醒和激励自己。如"和善与坚定并行""完成比完美更重要""小步前进""错误是学习的好机会""相信过程""要有不完美的勇气"。不断践行、体会，让正面管教成为一种生活态度。

中国家长的正面管教

　　几年前，在一次家庭教育分享会上，有家长提问："正面管教源自美国，中国传统文化是以儒家文化为核心的，中西方存在巨大的文化差异，中国父母学习正面管教，适合吗？中国家长又该如何学习正面管教呢？"其实，很多家长有类似的困惑，正确认识这两个问题是中国父母学好正面管教的前提，需要认真地探讨。

中国父母适合学习正面管教

　　正面管教已在全球90个国家进行传播，体现出强大的生命力。整体来看，正面管教有三大特点：第一，有深厚的理论基础（阿德勒学派理论）；第二，有独特的体验式活动，让家长们充分体验和感受，学会"透过孩子的眼睛看世界"；第三，有实操落地的工具（52个实用工具）。

1. 正面管教适用于所有群体

1911年，阿德勒将自己创立的心理学体系称为"个体心理学"（individual psychology），不是为了强调"个体"，恰恰相反，他更强调"整体"。因为，个人（individual）一词在词源上有"不可分割"的意思，意味着每个个体都是一个独立的整体。阿德勒重视人格的整体性，重视个体的社会性。

阿德勒认为，每个人的人生中都有三个最重要的课题：工作、社交和爱。一个人应对这三个课题的方式，就表明了生活对他而言的意义。这三个课题相互交织，密不可分，一个问题的解决必定有助于另一个问题的解决。

2015年3月，我在圣地亚哥见到正面管教高级导师英洛，她兴致勃勃地带着我在圣地亚哥野生动物园游玩，边玩边聊。她告诉我：阿德勒理论是关于"关系"的学问，正面管教就是发展关系技能的学问。这句话让我醍醐灌顶，我一下子明白了阿德勒理论与正面管教之间的关系。

阿德勒认为，个体的首要目标就是获得价值感和归属感。每个人都应该获得尊严和尊重，不分文化、种族、信仰、性别或年龄。正面管教创始人简·尼尔森曾说过："我相信正面管教适用于所有群体，因为它是基于尊严和尊重的。"

正因为如此，正面管教不仅适用于亲子关系，也适用于其他的人际关系，如师生关系、夫妻关系、朋友关系、同事关系，等等。在正面管教的课程体系中，不仅有家长教育课程、教师培训课程，也有培养孩子社会能力、学习能力的课程，还有职场赋能课程、婚姻长乐课程。

2. 体验式教学，超越文化差异

如果问正面管教课程最大的魅力是什么，那就是独特的体验式活动。这些体验式活动，是正面管教创始人和导师们精心设计的，使得阿德勒理论深入浅出、易学易用。在正面管教的家长工作坊里，我们常常提醒学员们，这不只是"用脑"的学习，更需要"用心"。

阿德勒学派认为：每个人都是通过自己的独特体验来学习的。通过参与体验式活动，家长能学会走进孩子的内心，和孩子进行有效沟通，聚焦解决方案。正面管教家长课堂，不是"听讲"的模式，而是构建"学习共同体"，每个人对课堂都有贡献。我们经常会问到家长的"感受、想法、决定"，所有的学习都来自家长们的体验和理解。

正面管教创始人简·尼尔森说过："不管你的受众群体有着怎样的文化背景，学习收获都来自他们自身。"从这种意义上来说，正面管教跨越了东西方的文化差异，通过体验式活动，为每个学习者量身定做了一套专业而接地气的家庭教育体系。

我们以"两列清单"这个活动为例，这是正面管教中最经典的体验式活动。在家长课堂上，我们会问家长们"在育儿的过程中常常会遇到什么样的挑战"，让他们进行头脑风暴。答案通常包括孩子不肯吃饭、不肯睡觉、顶嘴、拖拉、沉迷电子游戏等，家长们可以据此列出一份"挑战"清单。

然后我们会让家长们想象一下："有个时光隧道，让孩子一下子跳到25岁，长大成人。当你坐在家里，等着你25岁的孩子回家看你的时候，你希望他是什么样子？"答案可能包括阳光、健康、独立、感恩、幽默、善于交往、有终身学习的能力等，可以列出一份"品格和人生技能"清单。

面对这两份清单，家长会联想到什么呢？我们可能会意识到，孩子向我们发出的"挑战"就是我们对他们进行教育的机会——冲突来了，教育的机会也就来了。这份"品格和人生技能"清单，就相当于我们的教育导航仪，时刻提醒着我们，我们的教育目标是什么。

2014年我去美国访问学习正面管教，参加了很多正面管教家长课堂，而"两列清单"这个活动，我自己也参与、带领了无数次，我发现，无论是国内还是国外，无论是低龄儿童的家长，还是青春期孩子的家长，头脑风暴得出的两列清单大同小异，这个活动带给家长的思考是相似的，没有什么文化差异。

3. **正面管教工具与中国文化的相容、互补**

我们来看看正面管教与中国文化的相容性。阿德勒学派理论虽然源自美国，但作为人类文明的一种表现形式，它与中国文化在哲学层面是相容、相通的。阿德勒学派理论的核心概念是社会兴趣（或称社会情怀、社会情感），拥有社会兴趣的人能真正关心他人的福祉，具有社会责任感，这和孟子的"老吾老以及人之老，幼吾幼以及人之幼"是完全契合的。阿德勒还指出："社会主义深深扎根于社会兴趣，它是人类最初的声音。"

阿德勒提倡"人生就是行动"（Life is movement），《论语》也是极其重视行动的，"力行近乎仁"就是说把头脑中"仁"的观念践行出来，你就达到了"仁"这种境界。

正面管教的核心理念是"和善而坚定"，这与我们的"严慈相济"是一致的。我们常常说"和善而坚定是一种生活态度",其实这在我们古人的智慧中也有体现。有一次,我走进佛山祖庙里的叶问纪念馆,叶问亲手写的一段话令我感触至深:"处世树为模,本固任从枝叶动。立身钱作样,内方还要外边圆。"前半句说人要处世如树——坚守原则,任凭世事变迁而自岿然不动;后半句说人立身要像铜钱那样,外圆内方,处事要圆通,但内心要方正,不失却本心。我不禁想起了用身体感受"和善与坚定并行"的那个体验式活动"想象自己是一棵树",这和"处世树为模"就是一样的。大道至简,东西方的人生哲学理念多有相通之处。

正面管教理念和中国文化也有一些对应的关系。如"小步前进"对应着"不积跬步,无以至千里";"错误是学习的好机会"对应着"吃一堑长一智";"启发式提问"对应着"不愤不启,不悱不发";"不完美的勇气"对应着"知者不惑,仁者不忧,勇者不惧"……中国文化博大精深,不断地提供滋养,而正面管教方法具有很强的实操性,很适合新生代的中国父母,通过持续的实践练习,迈向"力行近乎仁"的境界。

在正面管教家长课的评估表里有一个问题:"课程内容是否符合你的文化和价值观,你有什么担忧吗?"在我开设的家长工作坊上,大家对这个问题的回答大多是:"没有什么担忧,正面管教基本符合自己的文化和价值观。"有的家长甚至回答说,作为年轻一代的家长,有必要学习和了解西方流行的家庭教育方法,然后结合我们的国情加以应用。

《正面管教》中文版自2009年首次出版以来,销量已突破500万册,《正面管教》系列中文图书的总销量超过700万册,可见正面管教已经深得中国父母的喜爱。

中国父母学好正面管教的几个关键点

1. 构建系统化的家庭教育思维

学习家庭教育，要有系统化的思维。父母们通过理论学习，通过参加正面管教家长工作坊，可以对正面管教建立整体的认识，形成系统化的家庭教育思维。

首先，必须思考：我们进行家庭教育的目标是什么？正面管教中的"两列清单"就是帮助我们明确自己的养育目标的。

"我要把孩子培养成什么样的人"，这是家庭教育的蓝图和定海神针，是父母必须思考和回答的问题。曾国藩在其家书中告诉儿子：世人都希望子孙做大官，我只希望子孙做"读书明理之君子"（大意）。曾国藩认为道德修养比社会地位重要，曾家后人将其视为做人之根本，并牢牢记住做读书明理的君子。在200多年的时间里，曾家八代共出了240多位杰出人物，多为栋梁之才。

其次，必须思考：我们要用什么样的方式去教育孩子？一些人遵从传统观念，奉行"棍棒教育"，觉得自己从小就是被父母打大的，现在不是也挺好的吗？殊不知，如今社会土壤已经发生了巨大的变化，时代要求父母和孩子建立平等的关系，在尊重孩子的基础上思考育儿方法。正面管教就是提倡父母和孩子相互尊重，以平等和尊重的方式，去赢得孩子的合作。

《正面管教》有很多衍生图书，我们一般建议，首要阅读这本开山之作，再结合孩子的年龄阅读相关书籍，如《0~3岁孩子的正面管教》《3~6岁孩子的正面管教》《十几岁孩子的正面管教》。

2. 相信过程，不断践行

学习有四个阶段。第一阶段是"无意识无技能"，即"不知道自己不知道"，比如有些父母还没意识到学习家庭教育的重要性，心想"做父母还要学吗"。第二阶段是"有意识无技能"，即"知道自己不知道"，这些父母开始意识到家庭教育的重要性，感到自己缺乏这方面的技能，开始寻找相关的学习机会，很多人都是在这个阶段接触到正面管教。第三阶段是"有意识有技能"，即"知道自己知道"，比如有些父母已经掌握了正面管教的一些方法和技巧，如"启发式提问""有限的选择""特别时光"等，能够加以运用。第四阶段是"无意识有技能"，即"不知道自己知道"，在这个阶段的父母没有刻意去使用某种正面管教的方法，却自然而然地表现出正面管教的态度和精神来，正面管教已经融入到他们的生活当中，成为生命的一部分了，就如武林高手达到的"手中无剑，心中有剑"的境界。

在家庭教育方面，这四个学习阶段对应着不同类型的父母。第一阶段对应"无知无畏型父母"，第二阶段对应"新手父母"，第三阶段对应"高手父母"，第四阶段对应"专家型父母"。

你会发现，第二阶段才是真正学习的开始。从第二阶段到第三阶段，需要不断地练习和实践，就像肌肉训练一样。有的家长会说，正面管教的这些理念我都懂，就是做不到！这就涉及"知"和"行"的问题。

关于"知行合一"，通常有两种观点。一种观点认为，"知"和"行"相距甚远，中间可能隔着一个太平洋。从"知道"到"做到"，有一段很长的路要走，最终的境界是"知行合一"。另一种观点是王阳明先生提出的，他认为"知""行"一直都是"合一"的，只是有不同层次的"知行合一"，如"浅知浅行""深知深行"，我们之所以还做不到，是因为"未知"。王阳明在《传习录》中曾说道："未有知而不行者，知而不行，只是未知。"知道并且做到才是真正懂了。

2014年1月我正式开始学习正面管教，至今已有十年了，我越来越感受到，正面管教带给我由内而外的改变，它已经成为我的生活方式。就我的经验来看，坚持学习正面管教，选择一些自己喜欢的正面管教工具（如"特别时光""家庭会议"等）长期练习，坚持三年之后，你会越来越多地体会到正面管教的精妙和乐趣。

打造不同层级的育儿共同体

1918年阿德勒在《理解人性》（德文版）一书中首次使用了gemeinschaftsgefühl一词，这是阿德勒自己创造的一个词，由gemeinschafts（共同体）、gefühl（感觉）两个德文单词组成，英文译为social interest，中文可以翻译为"共同体感觉""社会兴趣"或"社会情怀"。简单地说，就是对社会的关心，对他人的关心。

这个共同体不仅仅包括家庭、学校、单位和地域社会，还包括国家、人类等一切存在。早在2000多年前，孟子就说过"仁者以天地万物为一体"，从这个角度来理解"共同体感觉"就会清晰得多。

我们每个人都处于多个不同层次的共同体中，从一对一的关系，也就是"我和你"的人际关系，扩展到大的共同体。在每个共同体中，人人都是我的伙伴，我有一种归属感，我和别人是平等的，我既不高高在上，也不必卑躬屈膝。我们每个人都是这个共同体的一部分，而不是中心。

我们可以用这种共同体的意识，帮助个体找到价值感和归属感。比如，可以建设"夫妻共同体"，夫妻双方互相尊重，定期进行"特别时光"，让彼此感受到爱，在育儿方面才能统一教育战线，以免父母把生活重心全部放在孩子身上或工作方面，而忽略了夫妻之间亲密关系的维护；可以建设"家庭共同体"，父母和孩子互相尊重，多多鼓励孩子，定期举行"家庭会议"，赢得孩子的合作；可以建设"大家庭共同体"，求同存异，设置"家庭日"，定期交流，让爷爷奶奶、外公外婆和亲戚们体验到价值感和归属感，发挥利用家族合力养育孩子的优势；可以建设"社区共同体"，邀请志同道合的父母共同参与，建立几个家庭的友好互助，定期组织家庭聚会和亲子活动。常言道"一个人走得快，一群人走得远"，2017年初，我们在佛山创建正面管教EHE团队，每月一次聚会和研讨，打造"社区共同体"，帮助父母共同成长，通过深度陪伴一群人而去影响更多的人。

小练习 你希望把孩子培养成什么样的人？和你的家人讨论一下。以终为始，现在的你，可以采取什么样的行动？

 育 儿 小 贴 士

如何使用正面管教工具卡

1. 当作学习知识的卡片。每次学习一张，尝试践行一周。一共有52张工具卡，一周一张，可以用一年。

2. 当作育儿的锦囊妙计。每次遇到育儿难题时，先冷静下来，抽取一张工具卡，看看这张工具卡对你有什么启发，然后去践行。如果想不到有什么启发，可以再抽一张。

3. 当作亲子游戏卡片。能够熟练使用工具卡之后，可以和孩子一起玩游戏。让孩子抽取一张卡片后念出来，与孩子分享彼此对这张卡片的理解。

未来世界里的核心竞争力

> 未来，属于那些拥有全新思维的人。
>
> ——丹尼尔·平克《全新思维》

"不要让孩子输在起跑线上"，这个口号曾让无数父母开始重视家庭教育，同时也引发了重重焦虑。如今，"鸡娃""内卷"成为网络热词，中国父母的焦虑程度又飙升了几个层级。有的父母从孩子一出生就开始计划着去哪里早教、上什么样的幼儿园、如何买学区房择校……有些家长给读小学的孩子报了十几个兴趣班，全家人的周末就是在一个又一个兴趣班的"接力"中度过的。有位家长朋友，她的孩子正在读小学六年级，仅"数学兴趣班"就同时学了三个，简直是要成为"卷王"的架势啊！另一方面，有些家长则感到"卷"不动了，意识到自己的孩子不过是个普通人，索性"躺平"，对孩子放任不管了。难道作为普通人，就不需要奋斗和成长了吗？在"内卷"和"躺平"之间，真的没有别的出路吗？

2023年ChatGPT火爆，引起了人们的普遍关注。ChatGPT是美国人工智能研究实验室OpenAI开发的一种全新聊天机器人模型，它能够通过学习和理解人类的语言来进行对话，还能根据聊天的上下文进行互动，并协助人类完成一系列任务。人工智能展示出如此强大的能力，使不少家长陷入了焦虑：将来会有多少工作被人工智能替代？我们要如何培养孩子面向未来的能力？

2021年，"双减"政策和《中华人民共和国家庭教育促进法》相继出台，"依法育儿"时代已经开启。新的家庭教育时代带来了新的思考：我们如何才能站得高、望得远？孩子在未来世界的核心竞争力到底是什么？面对未来的不确定性，家庭教育如何为孩子提供有力的支持？

未来世界里的核心竞争力是什么

未来世界充满了各种可能性，因此，以不变应万变的能力才是未来世界里的核心竞争力。科技发展日新月异，那些重复性的工作将逐渐被机器所替代，具有创造性的工作、体现人类情绪价值的工作则会保留下来，或者涌现出来。理解多变世界的底层逻辑，拥有未来世界的核心竞争力，孩子们才能勇敢面向未来。

面对人工智能带来的育儿挑战，2023年2月，我们组织了佛山正面管教EHE第71期活动，主题就是"ChatGPT爆火，如何培养孩子面向未来的能力"。首先，我们对"孩子需要培养哪些能力"这一问题展开热烈讨论，经过头脑风暴，大家得出了很多答案，包括终身学习的能力、社会情感能力、合作能力、独立思考能力等。当然，还有热爱生活的能力，因为"热爱生活"使我们成为真正意义上的人。

关于"未来世界里的核心竞争力是什么"这一问题，大家仁者见仁，智者见智，并没有一个"标准答案"。可见，身为父母，更重要的是要有自己的思考和行动。通过28年的育己育儿实践，我认为比较重要的能力体现在以下方面。

1. 自我认知能力

自我认知能力涉及自我认识、自我定位，是一个关键的能力。未来的社会越来越多元化，孩子的成长面临更多的选择，准确的自我认知是做出正确选择的基础。

我在珠三角地区的一所高校任教，我的很多学生上大学前对自己的专业是缺乏了解的。我也指导过一些高中毕业生填报高考志愿，发现很多高中生只是卯足了劲提高高考成绩，对自我认知的思考几乎为零。

美国著名的管理学家汤姆·彼得斯说过，"21世纪的工作生存法则就是建立个人品牌"，而做好个人品牌的前提就是准确地自我定位。在大学生心理课堂上，我常常会让学生做一个"我是谁"的测验。每当我问一句"我是谁"，学生要写下一个自己的答案，一共会问20次，学生感慨说，这简直就是灵魂拷问。我也常常和学生说，自我是一座重要的宝藏，我们要好好地去认识、去发掘。

2. 沟通能力

人与人之间的合作需要沟通，沟通能力有两个方面。一是合作沟通能力。如今即使是从事技术工作，也比以往需要更多的协作和沟通。二是跨文化的沟通能力。从某种意义上来说，我们生活在地球村，需要与不同国家、不同民族的人沟通、合作。跨文化沟通需要尊重差异、尊重多样性，包容别人和我们的不同。"和而不同"是沟通合作的最高境界。

但在现实生活中，越来越多的大学生都说自己是"社恐"，不愿意和别人主动交往，甚至独来独往。这不仅仅影响着他们的能力发展，还直接影响着他们的心理健康状况。

3. 领导力

领导力的实质是影响力，每个人都需要领导力，领导力是可以培养和提升的。你不一定会在某一个团体中当领导，但往往需要管理自己的家庭，至少要管理我们自己。对于父母来说，培养孩子的良好品格和人生技能，帮助他们过上幸福的生活，也是一种领导责任，因此要培养"父母领导力"。

我访问过美国的一所社区小学，那里非常重视学生领导力的培养，毕业答辩的一个重要项目是要求学生用事实、数据来陈述他们是怎样表现出领导力的。一个学生向大家讲述了她是怎么教低年级的学生种花种草的，在这个过程中，遇到了什么样的困难，她是如何处理协调的。这个种植教学的过程就体现了她的领导力。

领导力可以从小培养，我们要教孩子学会与人合作，例如在班级里担任班干部或者小组长、在家庭里承担家务活等，都可以培养孩子的领导力。

4. 终身学习能力

现代社会日新月异，单纯依靠学校教育已经远远赶不上时代的要求，因此我们要不断学习，培养终身学习的好习惯。

在美国访学期间，我接触到很多热爱学习的老年人。在加州大学圣克鲁斯分校的英语学习小组活动中，学校为我匹配了一位志愿者，她大学学的就是心理学专业。这位志愿者发邮件和我约定见面的时间和地点，并告诉我她已经80多岁了，这让我对她充满了好奇。在圣克鲁斯市公共图书馆第一次见面时，她的样子让我满心欢喜：她个子不高，化了妆，涂了鲜艳的口红和红红的指甲，是自己开车过来的。

后来我才知道，她当时已经89岁了，每周还参加两个读书俱乐部的交流。我们每周有一次一小时的英语交流，和她沟通时，我发现她充满活力。去美国访学前，我拿到了驾照却一直没敢开车，看到这位近90岁的志愿者开车来赴约，我深受震动，回国后很快就开始开车上路了，并发现自己是多么喜欢开车！

正面管教创始人简·尼尔森博士已经85岁了，还在不断地创造。我还记得第一次和她见面时，她带来了四副很特别的墨镜，分别代表着四种错误目的，大家一起戴着墨镜摆造型、拍照，她比我们玩得更嗨，特别亲切、有趣。可见，终身学习不仅是一种能力，更是一种乐趣。

应用正面管教，培养孩子的核心竞争力

正面管教创始人简·尼尔森提出了"有效管教的5个标准"，分别是：

☆是否有助于孩子感受到归属感和价值感？（与孩子建立心灵纽带）

☆是否和善与坚定并行？（对孩子尊重和鼓励）

☆是否长期有效？（惩罚在短期有效，但有长期的负面效果）

☆是否能教给孩子有价值的社会技能和人生技能，培养孩子的良好品格？（尊重他人、关心他人、善于解决问题、敢于承担

责任、乐于贡献、愿意合作）

☆是否能让孩子了解他们自己的能力？（鼓励孩子建设性地运用个人的力量和自主能力）

我们可以用有效正面管教的方式来培养孩子的核心竞争力。

1. 帮助孩子找到价值感和归属感

阿德勒认为，每个人生活的首要目标就是获得价值感和归属感。价值感，顾名思义，意味着"我是有价值的""我是有用的""我是有贡献的""我能行"……人是社会动物，生活在家庭、学校、社区、国家等社会单元中，归属感是指我们每个人都需要从属于一个群体，在这个群体中有自己的位置，并且和其他成员是平等的。

如何让孩子在家庭里找到自己的价值感和归属感？平等地对待孩子，让孩子在家庭建设中发挥自己应有的作用。让孩子做家务，是帮助孩子获得价值感和归属感的最好方式之一，也能培养孩子良好的习惯和品格。各年龄段的孩子，都可以做一些适龄的家务活，比如，12~18个月的孩子可以收拾自己洗澡时的玩具，把脏衣服送进洗衣篮里；2~3岁的孩子可以把玩具放回到玩具箱里，叠衣服；4~5岁的孩子可以喂养宠物，浇花；6~7岁的孩子可以扫地拖地，整理房间；8~9岁的孩子可以洗衣服、晾衣服、炒鸡蛋；10~11岁的孩子可以制作简餐，清洁浴室；12岁及以上的孩子可以按购物清单购物、做饭、熨烫衣服，照顾年幼的弟弟妹妹。每个家庭的实际情况不同，关于家务活没有所谓的"什么年龄必做什么"的标准，适合自己家庭的就是最好的。正面管教联合创始人琳·洛特还专门写了一本《没有战争的家务》，提倡在家务分配中运用正面管教的理念和方法，家庭成员先进行头脑风暴，列出要做的家务，然后分别认领。家人们一起做家务的过程，是一种集体决策的过程，也是相互合作的过程。

在现实生活中，很多父母不让孩子做家务，只想让他们"专心地"学习，殊不知，这其实剥夺了孩子在家庭中的价值感和归属感，也错失了培养孩子生活技能的好时机。当孩子未能如父母所愿获得优异的学习成绩时，父母往往开始抱怨"我为你付出了那么多"，孩子压力越来越大，父母也越来越焦虑，家庭关系陷入恶性循环之中。很多父母从未意识到，让孩子做家务竟是培养孩子核心竞争力的好方法。

阿德勒认为"生活的意义在于对别人发生兴趣以及互助合作"，合作不仅是我们人类的生存之道，也是幸福健康的重要保证。帮助孩子在家庭里找到价值感和归属感，学会与人合作，就是在培养他们走向社会、走向未来的能力。

2. 和善与坚定并行

在生活中，很多父母常常打着"为你好"的旗号，安排孩子上这个兴趣班、上那个辅导课，根本没有尊重孩子的意愿，甚至完全没意识到自己没有尊重孩子。和善与坚定并行体现了相互尊重的态度，父母既要尊重孩子，也要尊重自己，还要尊重当时的情形。

培养孩子的核心竞争力时，可以用到正面管教的很多工具。"启发式提问"可以鼓励孩子独立思考，有自己的主见；"有限的选择"让孩子从小学习做选择、做决定；"鼓励"可以关注到孩子的优势，帮助孩子建立正确的自我认知；"特别时光"能让孩子感受到爱的力量，充满勇气地去生活；"家庭会议"是一个综合性的正面管教工具，可以培养孩子的倾听能力、沟通能力、共情能力、组织管理能力和解决实际问题的能力，是家庭教育中培养孩子核心竞争力的好平台。

此外，如果孩子在和善而坚定的家庭氛围里成长，耳濡目染，学会"和善而坚定"的沟通力和领导力，这本身就是一种核心竞争力。

3. 关注长期效果，注重长远目标

正面管教家长课堂的第一课中，讲师在一开始就会问学员："你养育孩子的目标是什么？"很多家长会感到很震撼——他们之前从没想过这个问题。

"十年树木，百年树人"，教育是要关注长期效果的。如果我们去伟人故居走访一下，会发现伟人们的成长大多和家族的发展是分不开的。佛山有个古村叫松塘村，至今已有近800年历史，在明清时期出了好几位翰林，被誉为"翰林村"。村里翰林门上刻着一副对联："古来数百年世家无非积德，天下第一等事业还是读书"，这是他们祖传的家训"积德读书"。

尽管科技日益发达，世界日新月异，但个人成长的核心要素并没有太多的改变。古今中外，教育都非常重视人的品格。在《论语》中，孔子认为君子是指品格高尚、有修养的人，其行为和言论应该符合"仁、义、礼、智、信"等价值观念。美国开国元勋之一富兰克林在自传中总结了"自律十三条"：节制、缄默、有序、决心、节俭、勤奋、真诚、正义、中庸、圣洁、冷静、节欲、谦虚。

有这样一个故事：一位诺贝尔奖获得者接受记者采访，记者向他提问："在您的一生中，您认为最重要的东西是在哪所大学、哪所实验室里学到的呢？"他回应道："是在幼儿园学到的。我学会了很多很多，比如把自己的东西分一半给小伙伴们；不是自己的东西不要拿；东西要放整齐；饭前要洗手；午饭后要休息；做了错事要表达歉意；学习要多思考；要仔细观察大自然。"

这些从小养成的良好习惯是会让人受益一生的。正面管教的"日常惯例表"就是在帮助孩子培养好习惯，还要"花时间训练""小步前进"，日积月累，才能形成和巩固。人生不是百米冲刺，而是一场马拉松，只有具备优秀的品格、养成良好的习惯，才能在未来的竞争中突围而出。

正面管教的体验式活动"两列清单"，就是帮助家长认识到，我们要把孩子培养成什么样的人。在"品格和人生技能"清单里，家长们头脑风暴列出的要素有阳光、开朗、合作、友善、善于解决问题、自信、孝顺等，这些是孩子成长的根基，也是未来世界里的核心竞争力。

现实中也有很多家长急功近利，恨不得今天种树，明天就结果子了。还有家长以为，只要孩子上了大学就好了，他们并没想到，上大学只是一个新的开始，是真正考验孩子的内驱力和自律的时刻。我常常和我的学生说，即使你和其他同学在同一所大学里拿到了毕业证书，你觉得含金量就是一样的吗？有的大学生没有目标，就像西瓜皮一样，踩到哪里滑到哪里，平时经常躺在宿舍里玩游戏，有的甚至被劝退学；有的大学生积极探索自己的人生，参加各种实践，锻炼和充实自己，早早就获得了能力和成就。

所以，身为父母，我们要安下心来，好好思考我们培养孩子的长远目标是什么？把目光放得长远一点，然后把日常的小事做好。"定能生静，静能生慧"，目标坚定就能心生平静，有平静的心就能滋生出更多育儿的智慧了。

4. 教给孩子社会技能和生活技能

社会技能（social skill）或称为社交技能，是和他人互动和交流的能力。任何在生活中有用的技能都可以被看作一种生活技能（life skill），如做饭、穿衣、游泳、开车和使用电脑。从广义上讲，"生活技能"通常是指有效地应对生活挑战所需的任何技能。

社会技能和生活技能是一个人立足于社会的最基本和最重要的技能，但很多父母过分追求孩子在学业方面的成绩，往往忽略了社会技能和生活技能的培养。有的孩子上小学了，还要父母帮着穿衣服；有的孩子上初中了，都不知道如何搭乘公交车。

《会做饭的孩子走到哪里都能活下去》讲的是一位身患重病的年轻母亲教五岁女儿生存本领的故事，"爱孩子，就要教给孩子独自生活的本领"，做饭就是一种重要的生活技能，不仅可以帮助孩子照顾好自己，还可以作为他们结识朋友的"外交工具"。在这个快节奏的时代，大家都知道家宴是最高级的招待方式。

父母们常常以为，这些社会技能和生活技能不过小事一桩，等孩子长大了自然而然就会了。真的是这样吗？正面管教常常说要"花时间训练"，因为生活就是最好的修炼场，父母让孩子参与到家庭生活中，做出自己的贡献，在这个过程中，孩子不但能学习做事，还能练习与人交往。这个培养孩子能力的好机会，家长们会好好用起来吗？把正面管教的家庭会议开起来吧，每周一次，每年就有50次，这样持续下来，你的孩子从小就在进行MBA学习了。

5. 鼓励孩子挖掘自身能力

正面管教提倡鼓励，推动家长们去关注孩子的优势。很多父母是看不到自己孩子的优点的，毕淑敏的散文《优点零》提到一位做儿童心理研究的朋友，给孩子们发表格，请他们填写自己的优缺点和美好的愿望，结果他看到收上来的表格傻眼了——很多孩子填的是：优点零，愿望零。

在家庭教育咨询中，我也常常会问家长："你的孩子有哪些优点？"很多家长被问懵了："优点？没有啊，说起来全是缺点。"其实，孩子的缺点里可能蕴含着他的优点。那些调皮的孩子往往挺有创造性；爱打架的"孩子王"都有一定的领导力和号召力；喜欢顶嘴的孩子可能喜欢思考……如果我们有一双发现美的眼睛，关注孩子的优势，帮助孩子充分利用自身的能力，将助力他们的成长。

蔡颖卿写过一本《我的工作是母亲》，我觉得敢说自己的工作是母亲，是怎样的骄傲啊！在我的眼中，我的导师波梅兰茨就是这样的人。每次在正面管教的家长课堂，波梅兰茨讲起她和孩子们的故事时总是眉飞色舞的。她的四个孩子中有三个是医生。在美国，医生是社会地位和待遇都非常高的职业，但学医的过程很漫长。三个孩子都愿意学医，波梅兰茨大力支持。没学医的二儿子很幽默，有表演的才能，他的梦想是去好莱坞当演员。演员在成名前往往无法靠演出来养活自己，还需要做其他工作来谋生，但波梅兰茨和家人依然支持他的梦想。

无论对核心竞争力有怎样的理解，父母都需要身体力行做孩子的榜样。我们并不是完美的父母，正走在成长的道路上，不断探索方向和具体的做法。错误是学习的好机会，对错误有正确的认识、不怕犯错，才能在尝试的过程中不断提高。

在培养孩子的过程中，最重要的是给孩子提供支持。通过晨练，我获得了和家庭教育相关的感悟，那就是"做孩子成长的垫脚凳"。

每天晨练我必去吊单杠。小区有两根单杠，对我而言，一个略矮，一个太高。那个高的单杠，我无论如何跳都够不着，只好用那个略矮的单杠，但因为脚下悬空不多，每次只能吊那么几下。有比没有好，我就这么将就着。

有一次，邻居拿来一个小木凳，我踩着这个小凳子去吊那个高单杠，哇，特别轻松！一次可以吊十多下，真爽。

现在，我每天吊单杠三次，每次连续30下以上，一天100多下。就这么坚持了三年了吧。那天，有位邻居也来锻炼，看到我在吊单杠，惊叹："你的臂力这么好！我根本抓不住！"我说："这是多年锻炼的结果啊。"

小区的单杠区在绿树掩映之下，借助垫脚凳使用那个高的单杠时，视野都和之前不同了，我能全身心沉浸于大自然之中，特别舒服。我不禁联想到，我们做父母的就像这个垫脚凳一样，给孩子支持，让他们看到更广阔的世界，让他们有勇气做最好的自己。

小
练
习
　　你认为孩子成长的核心竞争力包括哪些能力？你准备如何培养孩子的这些能力？

-------- 育 儿 小 贴 士 --------

提升你的父母领导力

1. 父母要有培养孩子的战略眼光。关注家庭教育的长期效果，注重家庭文化的传承，建立自己的"家训"和"家风"。

2. 把家庭视为一个团队，确立共同目标。可以和家人共同制订新年计划、商量每周的家务分工、一起寒暑假旅行等。

3. 以身作则，影响孩子，激励孩子。我们希望孩子拥有什么样的核心竞争力，就先用这样的标准去"育己"，小步前进，每年有所提高。

02

情绪管理篇

感觉好，才能做得好

　　情绪是沟通的底层机制，只有在亲子双方情绪平和的情况下，才会达成有效的沟通。情绪管理是我们一生的功课，父母学会管理好自己的情绪，不仅能为孩子树立良好的榜样，也能教导孩子掌握必要的情绪管理技能。

照顾好自己，才能照顾好孩子

朋友最近收到老师的几次"投诉"，说她五岁的小儿子在幼儿园里老是打人。朋友找我诉说苦恼，想听听我的建议。我问她，最近家里发生了什么事吗？她说她最近比较忙，有一项重大的工作任务需要在一个月内完成。她看出我在担忧她没时间照顾孩子，继续说："可我每天都在陪伴孩子呢。早上先生开车，我送孩子上幼儿园，下午四点半我把孩子从幼儿园里接出来，陪他在户外玩，然后我们一起去单位的食堂吃饭。晚上孩子还有轮滑课或篮球课，都是我陪着的，有时我都不得不带着手提电脑在旁边工作。回家后招呼孩子洗澡，睡前还讲故事，亲子陪伴可是足足的呀！"

她这"连轴转"的时间安排，我听着都感到紧张。我提醒她，孩子的行为是一个信号，表明家里最近出现了一些问题。可能你更需要学会"照顾好自己"。既然你这么忙，是否有什么照顾孩子的事可以让你先生分担一些？正好也让他们享受一下父子之间的特别时光？

她说，原本想着接了孩子放学，她就顺便带着孩子在户外玩玩；顺便去单位的食堂吃晚饭；顺便带孩子去上轮滑课程；顺便……就是这样的"顺便"，让她把所有的时间都搭进去了，却把自己弄得焦躁，对孩子缺乏耐心，对先生也不免有怨气，特别是看到先生在家里看电视或玩手机时，肚子里的气儿更是不打一处来！

亲子之间之所以矛盾不断，"战争"频发，有相当一部分原因，是我们作为父母，没有照顾好自己，把所有的目光都聚焦在孩子身上，抱着过高的期待，提出过分的要求，又急于求成，这种巨大的落差感让父母常常处于焦虑之中。

平和的心态，是教育孩子的前提和基础。先完善自我，再教育孩子。如果我们愿意每天花时间来照顾好自己，就更有可能和孩子建立和谐的亲子关系。

照顾好自己，就是生命中的"大石头"

在美国访学期间，正面管教体验式活动中给我印象最深的就是"照顾好自己"。在这个活动中，老师先给每个学员发两张便利贴，要求大家写上"最近让你生气的事情"，如停车被抄牌、被人误解、孩子发脾气、老是加班，等等。老师事先在大白纸上画好一个大罐子，请大家把写好的便利贴贴上去，顿时，花花绿绿的便利贴布满了整个罐子。接着，老师问："如果说，这个罐子就代表我们的生活，此时我们的生活里充满了令人生气的事情，要怎么做才能让自己的心情好起来呢？"

阅读、旅行、画画、唱歌、种花、看电影、购物、做饭……

学员们连珠炮似地说出了很多很多。老师邀请板书志愿者在罐子里写上这些方法，每写一个，就将一张便利贴移出罐子，渐渐地，罐子里填满了这些让人心情变好的方法，那些代表生气的便利贴被挤到罐子之外，形成了强烈的对比。之前那个仿佛熬着一锅"生气汤"的罐子，此时摇身一变，成了一锅"幸福汤"！

最后，老师告诉我们，这个活动就是"照顾好自己"。我深受触动，意识到"照顾好自己"对于家庭教育是多么的重要。

管理学大师史蒂芬·柯维在《高效能人士的七个习惯》中提到，高效能人士能分辨出人生中的"大石头、小石头和沙子"，分清轻重缓急，在人生的木桶中先放好最重要的"大石头"，再倒入"小石头"，最后装满"沙子"。在这里，"大石头"就是重要的事情，"小石头"就是琐碎的事情。照顾好自己就是生命中的"大石头"，但却常常被人们忽略。很多人让"小石头"填满了自己的生活，一天到晚忙忙碌碌，焦头烂额，随时处于抓狂的状态。稍不留意，情绪的洪水就决堤了。

育儿过程中，很多家长把孩子的需要放在第一位，忽略了自己的需要，更忽视了自身的成长。经过28年的家庭教育实践，我发现育儿路上最重要的是父母的自我成长，这是你和孩子（特别是青春期孩子）友好相处的前提，也是家庭教育的根基。

在现代社会，常常不是孩子离不开父母，而是父母离不开孩子。我曾为一位学生指导毕业论文。她的论文题目是"中年空巢家庭的社会支持研究"。我依照惯例问她为什么要进行这个研究，她的回答令我感到震惊——上大学期间，她的母亲每天都要和她进行视频通话，如果哪一天她太忙了忘记通话，母亲就会感到很焦虑，不断地给她打电话、发信息，千方百计地联系她。她还告诉我，不只她的母亲如此，母亲所在单位的其他同龄人也是这样。这些独生子女的父母，在孩子到外地上大学后，总会感到心里空落落的。

这意味着，在养育孩子的过程中，父母要学会照顾好自己，让自己不断地成长。

照顾好自己，才能照顾好别人

在美国访学时，我住在高级导师波梅兰茨家里，她家在美丽的海滨城市圣克鲁斯，房子离太平洋只有两百米。几乎每天傍晚，我都去看日落，第一次见到粉色的天空和晚霞。这里的居民也特别喜欢这片海，大家在海边散步、遛狗，还有很多人在冲浪，圣克鲁斯的别称就是"冲浪之城"。海边有很多坐椅，可以坐在那里发发呆、看看冲浪。有一次，正面管教的家长课堂又在进行"照顾好自己"这个体验式活动，大家七嘴八舌地说起让自己心情变好的方法，有人提到了"海"，大家纷纷点头——是的，这片海就是最好的滋养。

我常常在海岸线上骑行，有一次一直骑到加州的七彩小镇，路上的一个多小时都陶醉在无边的风景中。还有一次，我和妹妹一家去度假，我们俩沿着海边骑行，欣赏海上日落。即使每天观赏日落，我也看不腻，因为太阳每天都是新的。走进大自然就是我照顾好自己的一种方式。

　　我天生爱笑，有个大大的酒窝，朋友们羡慕我灿烂的笑容，我和他们开玩笑说："我不知道自己有没有本事，但总是能把自己哄得很开心。"朋友感叹："这才是最大的本事！"哄自己开心，其实就是照顾好自己呀！原来，很早之前，我就领悟到正面管教的精髓了！

　　在一次讲座分享中，说起处理工作和家庭的冲突，我提到了一个重要的技巧，就是"照顾好自己"。只有照顾好自己，才能照顾好家人。就像搭飞机时，空姐会提醒我们，如果遇到危险，需要佩戴氧气罩，那么必须要先给自己戴好，再给孩子戴。

　　现场的一位职场妈妈分享了她照顾好自己的一个方法，每次回家，停好车后她会在车里多呆一会儿，听完一首歌再上楼。因为一回到家，她就要切换成妈妈的角色了。所以，她会为自己留出"一首歌的时间"。

　　回到开篇的那个"连轴转"朋友的故事，朋友听从我的建议，进行了适当的调整：晚饭后她把孩子先带回家，由她先生负责送孩子去上体育活动课。父子俩不在家的这段时间，她也没有用来加班，而是开始看"闲书"，最近在看《杨绛传》，很入迷。她享受着阅读的乐趣，发现家里的氛围也发生了改变。孩子很愿意和爸爸在一起，因为爸爸不着急，不催促。每天晚上，她先生会为孩子准备好一小杯牛奶，在孩子洗澡时，还会准备一只玩具小鸭子给孩子玩。看到自己的先生照顾孩子很有耐心也很有方法，她感到特别开心。更神奇的是，之后她的孩子在幼儿园里不再打人了。

听了她的反馈，我也特别高兴。我知道，很多妈妈也像这位朋友一样，把家里的大事小事全部包揽下来，唯独忘记"照顾好自己"。当自己能量不足的时候，就会对孩子有更多的催促，对先生有更多的抱怨。"当你是对的，你的世界才是对的"，家长朋友们，要照顾好孩子，先从照顾好自己开始！

照顾好自己，静待花开

对于父母来说，无论工作和生活有多忙，也要抽出时间来发展自己的兴趣爱好。如果每天花一点点时间（哪怕是15分钟或半个小时）来照顾好自己，你会去做吗？你会做什么？

我曾经在读书会上分享自己的睡前阅读习惯，哪怕每天只读30分钟，一个月读完一本书也是没有什么问题的。养成这样的阅读习惯比什么都重要，事实上，我的人生转机很多都源自这些阅读带来的触动。

我的一位好朋友听完这个分享就开始实践，每天睡前阅读半小时，半年后，她兴奋地告诉我，这半年里，她已经不知不觉地读完十几本书了，这是她之前不敢想象的。以前，她总是期望有整块整块的时间来阅读，但生活又是忙忙碌碌的，哪里能有这样奢侈的整块时间啊？于是读书计划一而再、再而三地被搁浅，一年到头也读不完几本书。可每天抽出半小时的阅读时间，坚持下来，竟给她带来了这么大的改变！

对我来说，照顾好自己的方式还有很多种，比如，和亲朋好友定期交流、每天适当午休、健康饮食、阅读、种花、偶尔买束鲜花、旅行……其中最能让我充满能量的方式是晨练。

2015年9月，我从美国访学回来不久就面临一场严峻的考验，因学校发展方向的调整，我参与创办的应用心理学专业即将停止招生，尘埃尚未落定的那半年格外煎熬。也许是因为心理作用，我的身体也出现了问题——腰椎间盘突出。虽然身体感觉非常痛，但经骨科专家诊断，我的腰椎并没有太严重的问题。那段时间，我开始向我父亲学习晨练，每天早上散步。一位医生朋友指点我：散步的时候，不要和别人说话，就自己一个人走，挺胸抬头，用自己最快的速度走。专注于自己的呼吸，不要想什么事儿，尽量放空。于是我就严格要求起自己来：散步的时候不带手机，全心全意走路，专注于自己的每一个脚步、每一次呼吸。后来接触"正念"，才知道这样的散步就是"正念散步"。

就这样，我几乎每天都晨练，风雨无阻，慢慢地，身体恢复了健康，而且充满活力。哪一天如果不去晨练，总觉得缺少了什么。即使出门旅游，我也会先晨练再去游玩，法兰克福的美茵河畔、布达佩斯的多瑙河畔、维也纳的街头公园、布拉格的街道，都留下了我晨练的足迹。晨练，让我对每一天充满了希望，也成为我照顾自己的最好方式。最高兴的是，我的女儿也养成了晨练的习惯，不知不觉中，晨练成了我们家的传家宝。

说起"照顾好自己"，一次家长讲师班里，有位学员分享了奶奶的故事。这位学员小时候生活在农村，家里比较穷。每当她家人过生日的时候，奶奶会单独为"寿星"煮一碗长寿面，上面盖一个煎荷包蛋。有一年，奶奶生日那天，家里的人谁也没想起来，直到奶奶给自己煮了一碗面，也加了一个荷包蛋，她才意识到那天是奶奶的生日。看到她有些惊讶，奶奶告诉她："以后你长大了、嫁人了，也要记得每年过生日，即使别人不记得，你也要为自己过生日。我们女孩子要给自己'做贵'（福建土话，大意是自尊、自爱、有价值），这样婆家人才不会轻贱你。"说起这么有智慧的奶奶，这位学员脸上洋溢着幸福和骄傲。

照顾好自己，可以让我们保持能量，充满信心地应对家庭生活中的各种挑战。我们照顾好自己的方式，也会"润物无声"地影响我们的孩子，成为家庭文化的一种传承。

鲁道夫·德雷克斯的女儿伊娃·德雷克斯·弗格森也是一名阿德勒学派心理学家，她说，最有力量的鼓励是我们给自己的鼓励。让我们自我鼓励，从"照顾好自己"开始吧！

诗人王尔德说，爱自己，是终身浪漫的开始。你开始这份浪漫了吗？

小练习 照顾好自己，才能照顾好家人和孩子。如果每天花一点时间来照顾好自己，你会选择什么样的方式？

 育 儿 小 贴 士

照顾好自己

1. 自我保健。照顾好自己的身体，定期体检，选择适合自己的运动方式（散步、跑步、游泳、健身等），按时吃饭，按时睡觉，规律生活。

2. 自我愉悦。发展一些兴趣爱好，让自己自得其乐，比如阅读、写作、旅行、看电影、种花、摄影、听音乐、定期走进大自然，等等。

3. 自我提升。做成长型父母，无论在家庭教育还是职业发展上，都需要终身成长。每年学习一种新技能，每隔五年关注一个新的领域，不断更新思维模式，提升自己的格局和见识。

家长如何管理好自己的情绪

> 能控制好自己情绪的人，比能拿下一座城池的将军
> 更伟大。
>
> ——拿破仑

在正面管教的家长工作坊中，我们常常会讨论，在育儿的过程中，我们遇到的挑战有哪些？答案包括孩子不肯吃饭、不肯睡觉、顶嘴、不写作业、沉迷电子游戏等，不一而足。

孩子处于不同的年龄阶段时，带给父母的育儿挑战也是不同的。但面对孩子的这些恼人行为，父母所遇到的最普遍的挑战可能就是"如何管理情绪，保持平和的心态"了。正面管教有一个重要的理念："孩子感觉好，才能做得好。"其实，成年人也是如此。心平气和是亲子沟通的前提，那么，在育儿的过程中，家长要如何学会管理自己的情绪呢？

我和女儿的真实故事

我和女儿平时相处得非常融洽，不过，偶尔也会遇到"暴风骤雨"。

距高考还有一个月的某天，女儿放假在家，第二天早上九点需要到校参加小考。那天我身体不适，又陪着女儿去复印、打印资料，直到晚上十点半才回到家，感到特别疲惫。平时女儿都是自己管理起床时间，但那天她忘记带手机回家了，要用我的手机当闹钟。我睡觉前问女儿要定几点钟的闹钟，她说六点钟。我不太认同这个时间，觉得太早了，她说反正总是闹钟响好几次才能起得来。我感到特别累，就没再说什么，把手机放在她的床边就去睡了。

　　第二天早上，我先醒了一次，因为手机不在床边，没有看到时间，就继续睡。再一觉醒来，发现窗外大亮，感到有些不对头，连忙跑到客厅看时间，竟然已经是7:50了，女儿还在酣睡，我连忙叫醒她！

　　原来，我们闹了个"大乌龙"，都以为对方昨晚定好了闹钟。一听我说快到八点了，女儿从床上"噌"地坐起来，大哭！一边哭一边埋怨："你不是帮我上闹钟吗？"我解释说："没有啊，平时都是你自己负责的呀。"她反问道："那你昨晚干嘛要问我闹钟时间呢？问了时间又不上闹钟，你有病啊？"她越说越生气，甚至说不去上学了。我顿时也来气了，就说："不上就不上，又没有谁强迫你上学。"她听了更生气，把床上的蚊帐一下子踢到了床下。

　　我一边跑去厨房准备早餐，一边又跑到她的房间，和她解释。其实，哪里是解释，分明就是吵架，我们都在发泄自己的情绪。

　　在厨房和她的房间之间来回折腾了几趟，我想起了正面管教中的"掌中大脑"这个活动，意识到自己的"大脑盖子"已经打开了。我要冷静下来，此刻最重要的就是要接纳女儿的情绪。于是，我坐到女儿的身边，从后面抱住她，一边抚摸她的背，一边说："你一定很难受。准备高考很辛苦，平时都没有睡饱过。高考后可以好好睡一通。"感觉到女儿听进了我的话，我接着说："当然睡觉的生物钟也很重要。不能有时熬夜、有时睡一整天。你看妈妈，无论上班还是放假，起床的时间都差不多，这样反而不会太累。"女儿的哭声明显小了很多，我继续说："现在刚刚八点钟，你九点到校，九点半考试，坐出租车是来得及的。虽然闹钟没有六点响，但你多睡了两个钟头呢，以后我们就按这个时间起来好了。反复闹闹钟，也很伤身体的。"这时，女儿的哭声基本停止了，我感觉到她背部的肌肉也松弛了很多，就停下来，去厨房准备早餐，女儿也静静地起床了。刷完牙，她还把刚才踢开的蚊帐收拾好了。吃早餐的时候，我们一边吃，一边聊，她告诉我："8:40打车去上学也来得及，今天是小考，不过是家常便饭。"真是"雨过天晴"！

体验式活动：掌中大脑

"掌中大脑"（the brain in the palm of your hand）是正面管教的体验式活动之一，它形象生动，很接地气。我们将手掌比拟为大脑，掌心靠近手腕的部分代表脑干，掌控我们的呼吸、心跳，被称为"生命中枢"；把大拇指弯曲，放到掌心，代表中脑，是储存情绪和记忆的地方；将其余四指合拢握成拳头，拳头的表面代表大脑皮层，拳头的背面（手背）是感觉中枢，接受来自感官的各种信息并做出调节；拳头的前面（弯曲的四指）

代表大脑皮层，是用来思考的部位；指甲代表着前额叶皮层，它与中脑、脑干的位置非常靠近，负责控制和调节情绪、人际关系、自我意识和社会认知等。

看到这个活动时，我几乎惊呆了。在大学学习心理学的时候，每次学到某种心理活动的生理机制，大家都会感到艰深难懂，恨不得绕道而行。大脑的结构与功能非常复杂，但是通过这样一个形象的比拟，就很容易理解和记住了。

后来我才知道，"掌中大脑"是心理学家丹尼尔·西格尔博士的研究成果，可以参考他的著作《由内而外的教养》，以及最近出版的《全脑教养法》。正面管教将这一研究成果拓展成体验式活动：如果有一天，你身心疲惫地回到家，孩子偏偏又调皮捣蛋，你会如何反应呢？是的，我们常常会"掀开大脑盖子"（flip one's lid），这个英文词组就是"失控、发火"的意思——你把紧握的四指翘起来，露出压在下面的大拇指，也就意味着，我们的"理性大脑"（手指甲代表的前额叶皮层）不再起作用了，只有"情绪大脑"（大拇指代表的中脑）在工作。想想看，面对"情绪失控的父母"，我们的孩子会如何反应呢？是的，他们更容易模仿父母，"掀开大脑盖子"。反之亦然，如果孩子身心疲惫的时候碰上父母的唠叨，会怎么样呢？父母和孩子互相发泄情绪，什么理智早就"抛到爪哇国"了，一场"世界大战"就开始了。

作为父母，我们要"合上大脑盖子"，也就是冷静下来，让"理性大脑"得以工作。在父母的言传身教下，孩子在这样的情境中也容易冷静下来。许多父母慢慢意识到，在育儿的过程中，管理好自己的情绪，就是一个非常重要的功课。

建立积极暂停角

情绪是沟通的底层机制，只有亲子双方都情绪平和时，才会产生良好和有效的沟通，先处理"心情"，再处理"事情"。拿破仑说，能控制好自己情绪的人，比拿下一座城池的将军更伟大。情绪管理，是每个人必修的人生功课。风雨欲来的时候，我们要学会冷静下来，"合上大脑盖子"，让我们的"理性大脑"真正开始工作起来。

为了帮助我们学会冷静，正面管教提供了一个非常实用的工具——积极暂停（positive time-out）。简·尼尔森专门出版过一本关于情绪管理和积极暂停的绘本——《杰瑞的冷静太空》。

在体育比赛中，"暂停"指的是参赛者可以暂时停下来，休整片刻，调整心态，重新部署计划。在美国，"暂停"已经演变成了一种常用的教育方法——"计时隔离"（time-out），大部分家长都会使用。当孩子出现不良行为，比如发脾气、骂人、抢东西，家长会要求他暂停手上的活动，独自一人冷静一会儿，再寻找解决方案。一般来说，孩子目前几岁，家长就会让他"隔离"几分钟。不过，这种"计时隔离"方法是让孩子独自冷静，孩子的感受恐怕并不好，针对这个问题，正面管教设计了"积极暂停"。

我们每个人都有愤怒的时候、状态不佳的时候，教会孩子进行情绪管理是非常有必要的。我们可以在孩子心情好的时候，和他们商量建立一个"积极暂停角"——这是一个让我们平静下来的地方，一个让我们的心情变得好起来的地方。随后，我们可以和孩子一起，就以下几个问题进行头脑风暴，并达成一致。

（1）选址：把积极暂停角布置在家里的什么地方比较好？客厅、卧室、书房还是阳台？

（2）物品的选放：在那里放什么东西会有帮助？抱枕、书籍、音乐播放器，等等（一般不建议放食品）。

（3）命名：如果给这个地方取个好听的名字，会是什么？"杰瑞的冷静太空""快乐岛""爱的小窝"……

这样一来，当孩子生气的时候，我们就可以引导孩子去使用这个积极暂停角。可以问孩子：你是想自己一个人去，还是和妈妈一起去？让孩子进行选择，给他充足的安全感。

由于年幼的孩子认知水平有限，正面管教不建议给四岁以下的孩子建立积极暂停角，低龄孩子的父母可以为自己建立积极暂停角，让自己冷静下来，为解决亲子冲突问题起一个"缓冲带"的作用。如果父母能够很好地管理情绪，就可以给孩子起到良好的示范作用。

附文《我家的冷静角》是"正面管教家长工作坊"一位家长学员关于其亲身经历的一篇文章，她为自己建立的积极暂停角非常有创意，值得借鉴。

小练习　如果在家里给自己创建一个积极暂停角，你会如何布置？怎样使用？欢迎你和我们交流感悟。

---------------- 育 儿 小 贴 士 ----------------

父母自己的积极暂停角

1. 在家里布置一个积极暂停角，可以选在书房的一角，可以选在卧室的飘窗，可以选在阳台……让这里成为自己的"心理加油站"。

2. 遇到问题时先冷静下来，深呼吸，去"积极暂停角"休整片刻。在情绪要爆发的时候冷静下来，是对孩子最好的示范。

3. 在积极暂停角放上一些你喜欢的东西，书籍、音乐、抱枕、盆栽、照片等，也可以放上这本《正面管教养育实践》。

我家的冷静角

杨宁

每个人都会有情绪不好的时候，但是人与人之间的区别，往往在于情绪管理能力的不同。当孩子情绪失控的时候，我们要学会接纳他；当自己情绪失控的时候，我们要学会冷静下来，为孩子树立管理情绪的好榜样。正面管教家长工作坊关于"积极暂停"的内容，为家长们疏导自我情绪和引导孩子管理其情绪提供了有效的方法，我是受益者之一。

2014年，我参加了蒋莉老师的"正面管教家长工作坊"。刚学习积极暂停角这一工具时，我的孩子小麦才两岁。孩子是否能理解情绪管理的内涵？我对此将信将疑。一年过去了，积极暂停角在我们家产生了很大的作用，原来孩子对情绪的理解能力远远超出我的想象。

我们家的积极冷静角设在阳台，因为当时我们的亲子冲突大多发生在室内，而阳台是相对独立的空间。走出阳台呼吸新鲜空气时，看着天空和绿树，就像来到自然界中，暂时隔离了房间内的纷扰，心情容易平复下来。我在这里摆了一张舒服的小圆凳，并放上我喜欢的"抱抱你"软靠枕。为了方便向孩子解释，我直截了当地给这里取名为"冷静角"。

还记得我第一次向小麦解释：妈妈为自己设置了"冷静角"，在生气或者悲伤的时候就会来这里冷静，小麦听了认真地点点头，似懂非懂。在接下来的这一年里，我以实际行动更加生动地诠释了"冷静角"的作用，每当不良情绪来了，我就会搬着我的圆凳子去阳台坐下。刚开始，小麦总会跑来问："妈妈，你在干什么，为什么不进屋里？"我不断地向他解释，这是因为妈妈心情不好，需要独处冷静，直到心情好起来。直到有一天，小麦的问题由"为什么……"变成了"妈妈，你冷静完了吗？"我知道，他终于明白了我这样做的目的。于是，我借机进一步向他解释：人有很多情绪，其中哪些是让人愉快的情绪，哪些是让人不愉快的情绪。

一天早晨，小麦不舍得我出门，不开心地哭了，边哭边说："妈妈，我想冷静一下。你可以陪我去阳台吗？"我感到很惊喜，孩子有了管理自己情绪的意识。我陪他坐在"冷静角"，他让我抱着他，就像之前我抱着靠枕一样。我对他的不开心表示理解，并答应陪伴到他冷静下来再离开。然后，我俩静静地坐着，小麦靠在我怀里，哭声慢慢停止了。接着，他转身说："妈妈，你早点回来。Bye bye！"这真是一个见证奇迹的时刻！

我感叹积极暂停角的神奇作用，它让我这个容易情绪波动、暴跳如雷的妈妈，慢慢学会控制自己的不良情绪，变得和善。这种改变，不仅改善了我与孩子之间的关系，还让孩子从我身上得到学习的机会。

我很欣慰，小麦能在三岁之前开始认识情绪、理解并尝试去管理自己的情绪。虽然我们的情绪管理还不够成熟，但是，与孩子一起学习、一起成长，让我感到很幸福。现在我丈夫也来参加培训了，在"自我认识与情绪管理"课堂上获益良多，我们一家人都在进步。

做孩子的情绪教练

在正面管教家长工作坊中，每次进行体验式活动时，我们都会问学员们的"感受、想法和决定"，但很多人常常说不出自己的感受，说来说去大多都是自己的想法。我提醒他们："'感受'往往是一个情绪词，问的是你感觉如何？比如是兴奋、难过还是愧疚？"但有些人还是说不出来。

有些时候，我们无法描述和表达自己的感受，这和很多人从小就压抑着自己的情绪有一定的关系。我们的传统文化不太提倡表达自己的情绪，更鼓励"隐忍"，还要求"男儿有泪不轻弹"，小孩子（特别是小男孩）要哭的时候，父母往往命令孩子"不要哭""不许哭"。

但人非草木，孰能无情？生活中总是充满各种情绪体验，情绪是心理健康的晴雨表，反映着一个人的心理状况。情绪健康是心理健康的重要标志，它是指一个人的情绪在整体上保持积极稳定，面对消极的情绪能够进行自我调节和控制。青少年如果感受到稳定而愉快的情绪，就表示他（她）的心理状况是健康的；如果长期感受到强烈的消极情绪，如抑郁、忧愁、焦虑、紧张等，则代表他（她）的心理健康存在异常。

近年来，青少年抑郁患者的比例在全球范围内持续上升。中小学生的心理健康问题越来越引起社会的关注，提升孩子的情绪健康水平迫在眉睫。那么，如何提升孩子的情绪健康水平呢？

认知上：觉察情绪

作为一个和智商相对应的心理学概念，情绪智力（emotional intelligence）又称为情商（EQ）。哈佛大学心理学家丹尼尔·戈尔曼将情商概括为五个方面的能力：认识自己的情绪、管理自己的情绪、自我激励、认识他人的情绪、妥善处理人际关系。

一个人如果不能认识、了解自己的情绪，也就不可能去洞察别人的感受，更谈不上妥善地处理人际关系了。认识自己的情绪，可以说是高情商的核心和前提，其他四个方面都是围绕这个核心展开。因此，我们要帮助孩子认识和了解自己的情绪。

认识情绪，可以从娃娃抓起。现在有很多关于情绪教育的绘本，可以帮助孩子以生动活泼的方式去认识情绪。有一套情感绘本，叫"我的感觉"系列，共有八册。《我好害怕》《我好嫉妒》《我好担心》《我觉得自己很棒》《我好难过》《我好生气》《我会关心别人》《我想念你》。光看看书名，就知道这些都是孩子们的实际情绪感受。我常常会买这套书，送给家有低龄孩童的朋友们，大家都很喜欢。还有一个绘本叫《我的情绪小怪兽》，是一本立体书，也深得孩子的喜欢。在孩子小的时候，父母可以读这些绘本给孩子听，也可以和孩子一起表演绘本中的故事，让孩子知道我们每个人都有各种各样的情绪，情绪并不可怕，每种情绪都是一个信号，是一位"使者"，向我们传递着不同的信息。比如，我们会感到害怕，是觉察到了危险，这位"使者"可能在提醒我们要学会避开危险的环境，如火、刀、电路开关等，也可能在提醒我们这是一个新的环境，我们还不熟悉，需要慢慢适应。

尽管情绪是一种内心体验，但它也是有外部表现的，这就是我们比较熟知的"表情"。正面管教有一个情感脸谱，每种情绪对应着一个表情头像，如情绪词为"平静"，上面就画着一个面色平静的脸谱。这张情感脸谱有35种比较常见的情绪，如"兴奋""难过""生气""吃惊"等。情绪认知是情绪管理的第一步，父母可以把正面管教情感脸谱挂在家中，每天和孩子一起看看这些脸谱，问问孩子当天的感受都有什么。有位学员把这张正面管教情感脸谱用相框装裱起来，放在客厅里，做装饰画。她长期和父母生活在一起，两代人难免有一些代沟和情绪，她说这张情感脸谱帮了她大忙，让她敢于向父母表露自己的真实感受。

孩子们可能更喜欢自己制作的情感脸谱。父母可以先和孩子

一起头脑风暴，想出尽可能多的情绪词，让孩子分别来表演这些情绪，然后用拍照或者绘画的方式一一呈现，给孩子制作属于自己的情感脸谱，孩子们都会感兴趣的。

孩子能说出的情绪词越多，也

意味着孩子对情绪的认知能力越好，这就是情商高的一种表现，当然这种能力是可以通过训练提高的。我们的一位家长学员，之前感到不开心时只会笼统地用"堵得慌"来形容，具体是什么感觉，自己都说不清楚。通过在家长工作坊学习使用正面管教情感脸谱，她对自己情绪的觉察能力增强了，能够更清晰地表达自己的感受了。父母能认识自己的情绪，才有可能对孩子的情绪有更好的认识和接纳。

平时和孩子交流的时候，也可以多问问孩子的感受，比如，孩子从幼儿园或学校回家时，可以问问孩子："今天在幼儿园开心吗？""今天上学感觉怎么样？"以此打开孩子的话匣子，和孩子互动交流，帮助孩子提高对自己情绪的觉察。

在大学生的心理学课堂上，每次讲到"情绪管理"的内容，我总会让学生进行一个热身活动："0分代表最不开心，100分代表最开心，你给自己今天的情绪打多少分？为什么？"学生们对这个活动很感兴趣，可以意识到觉察自己的情绪原来这么重要。你也可以用同样的问题去问问自己，也问问孩子。

情感上：接纳情绪

关于情绪，很多人存在着一些认知误区。比如有些人认为，所谓情绪就是负面的或消极的，就像日常生活中会有"闹情绪"这样的说法。还有一个常见的误区，就是有些人认为"情绪有好坏之分"，"开心、愉快"这样的积极情绪就是好的，"焦虑、抑郁"这样的消极情绪就是不好的。

的确，情绪有积极情绪和消极情绪之分。积极情绪是让我们感到愉悦的情绪，消极情绪则是让我们感到不愉快的情绪。《积极情绪的力量》作者弗雷德里克森教授根据研究，找到了10种人们最常感受到的积极情绪，按照人们所反馈的感受频率从高到低排列，依次为：喜悦、感激、宁静、感兴趣、希望、自豪、逗趣、激励、敬畏、爱。而生活中比较常见的消极情绪是：害怕、生气、厌恶、悲伤、愤怒、孤独、焦虑。

正如正面管教常常说"感觉好，才能做得好"。积极情绪能让我们感觉愉快，带来开放性，提升创造力，产生积极的人际互动体验，促进生命的丰盈；而消极的情绪体验都是不愉快的，那么我们还需要消极情绪吗？事实证明，需要！

尽管消极情绪让人感觉不好，但它确实是健康生活所必需的。有两个主要原因：一方面，消极情绪能够与积极情绪形成对比，如果没有消极情绪，积极情绪还会让我们感觉良好吗？另一方面，消极情绪有助于进化，能鼓励我们采取行动，提高生存机会，帮助我们成长和发展。如，我们感到害怕，是为了避开危险的东西；感到厌恶，是要拒绝不健康的东西。

其实，每一种情绪都是有意义和作用的。当我们为某件事感到焦虑的时候，也意味着这件事对我们来说非常重要，引起了我们的高度重视。适度的焦虑，会帮助我们调动各种资源来应对这件事，甚至带来超乎预期的效果。但是，如果过分焦虑，则会让我们陷入到一种情绪的纷扰之中，让大脑无法正常地工作。同样，"开心"原本是好的，但如果过度了，也可能会出问题。《黄帝内经·素问》所说的"喜伤心"，就是指喜乐过极则损伤心神。

电影《头脑特工队》，就是用拟人的方式，形象地描述了几种基本情绪在人们头脑中的故事。我们的基本情绪有开心、忧伤、愤怒、厌恶和害怕。电影中的主角少女莱莉因为父亲工作的变动，从明尼苏达转学到了旧金山。生活中的巨大变化和不适应感，让莱莉感到忧伤，但头脑中那个负责开心情绪的"乐乐"，一直想抢占主导地位，总是把负责忧伤情绪的"忧忧"排斥在外，最后当"忧忧"被接纳的时候，莱莉才真正开始了对新环境的适应。

喜怒哀乐，人之常情。就像生活中有晴天，也有阴天。我们要允许自己在育儿过程中有不开心的时候，也允许孩子有不高兴的时候。当我们感到疲惫的时候，可以诚实地向孩子表达自己的情绪："妈妈今天下班回来有些累，想先休息一会儿，你先自己玩一会儿，半小时后，我再来陪你，好吗？"同样，当孩子不高兴的时候，我们不用为此内疚、自责，也不必千方百计逗他们开心，恨不得他们立马就"阴转晴"。这其实是孩子锻炼"情绪肌肉"的好时机，我们准备好水杯、纸巾，还有温暖的拥抱，提供安全的陪伴就好了。此时无声胜有声，不用过多地说话，只要陪伴孩子，抱抱孩子，孩子可能就冷静下来了。

电影《头脑特工队》有一个片段，当莱莉的朋友"冰棒"伤心时，"乐乐"和"忧忧"的安慰方式不一样，产生的效果也截然不同，能够给我们很大的启发。这个片段中，"冰棒"珍视的火箭被拉走了，它陷入了忧伤情绪里，但此时眼看着就是赶火车的关键时刻了，它必须振作起来，乐乐想通过各种逗笑的形式去安慰冰棒，都无济于事；而忧忧在冰棒的身边静静地坐了下来，陪伴它，去感受它的难过，终于让冰棒把内心真正的情绪释放了出来，恢复了常态，赶上了火车。

当一个人允许和接纳自己的情绪的时候，就会冷静下来，这是行动和改变的开始。正面管教创始人简·尼尔森就说过："情绪没有好与坏，情绪会来也会走，我们要接纳所有的情绪。"当父母学会接纳自己的情绪，才有可能理解和接纳孩子的情绪，这就是"共情"的基础。

我举办的正面管教家长讲师认证班课程结束后，我为学员们安排了随后21天的打卡，有位学员在第一天里就这样分享道：

今天老二数学考试没考好，回到家很沮丧！他像往常一样拿出卷子，等着我跟他一起"严厉地检讨"，这是我之前的做法。虽然我也懂得不能批评，要跟孩子一起找考不好的原因，但是我承认我以前都是带着情绪的，言语和态度都有责备的成分。但是，今天晚上我改变了一下态度，我看他拿出卷子，我说的第一句话是："宝贝，你今天没考好，自己心里不好受吧？"接下来我摸了摸他的头，我注意到儿子低着的头一下子抬起来，眼睛一亮："妈妈，你不批评我吗？"我说："你自己都挺不好受了，妈妈更多是心疼你。"当我学会理解孩子，真正接纳孩子，他真的会变得更好！今天晚上主动说要跟我到楼下走走！这让我想起正面管教的一个重要理念，关注孩子长远的品格修养，我需要更多的耐心和陪伴！

行动上：管理情绪

当情绪失去控制的时候，往往如洪水猛兽，一泻千里，让人们事后深感后悔。我们要学会做情绪的主人，而不要被沦为情绪的奴隶。管理情绪，要像大禹治水一样，注意平时的疏导，而不能像大禹的父亲鲧一样采用"堵"的方式，那样总有一天会决堤的。

管理情绪，主要包括两个方面：积极情绪的管理和消极情绪的管理。

一方面，就像在银行账户存款以备不时之需一样，人们也要有意识地在自己的情感账户里储存"积极情绪"。所以，作为父母，要带领孩子主动去体验积极的情绪。具体的方法有：

（1）帮助孩子培养一些兴趣爱好。如阅读、旅行、听音乐、画画、饲养小动物、参观艺术展等，让孩子做一个有趣的人、热爱生活的人，积极情绪就会围绕在孩子的身边。

（2）陪伴孩子参加户外活动和运动。帮助孩子选择合适的运动方式，增加一些亲子户外活动时间。运动会促进大脑分泌多巴胺，提高幸福感，让生活充满活力。

（3）帮助孩子建立良好的人际关系。和孩子进行"特别时光"活动，感受彼此之间"双向奔赴"的爱；带孩子主动和小朋友一起玩，建立友谊；设立"家庭日"，全家人一起度过，相互陪伴，共享乐趣。

（4）引导孩子帮助别人。例如，可以和孩子去做亲子志愿服务。让孩子感受到，在力所能及的条件下，帮助别人，可以让自己快乐。

另一方面，对于消极情绪，也有很多管理的方法，如转移注意、合理宣泄、改变认知等，最关键的就是学会冷静下来，尽量减少消极情绪不断升级的机会。正面管教有两个非常实用的方法，那就是"积极暂停角"和"愤怒选择轮"。对于四岁以上的孩子，父母可以在平日心情好的时候，事先为孩子建一个"积极暂停角"，里面放上孩子喜欢的东西，如玩偶、绘本、抱枕等，当孩子情绪要失控的时候，帮助孩子启用积极暂停角（可参考《家长如何管理好自己的情绪》一节）。对于四岁以下的孩子，父母则可以使用"愤怒选择轮"，和孩子一起，事先制作一个"选择轮"，其中每一个选项都是能让孩子心情好起来的方法，如画画、玩玩具、数数等方法（具体方法详见《3~6岁孩子的正面管教》）。

记住，不要在孩子感到心情糟糕的时候，急着解决问题。"先处理心情，再处理事情"，这是最基本的原则和策略。

在情绪管理方面，也有"开源节流"的技巧。所谓"开源"，就是平时有意识地照顾好自己，养成习惯，让自己多多体验积极的情绪；所谓"节流"，就是当"情绪开关"被触动的时候，学会积极暂停，让自己先冷静下来。父母的情绪稳定，是对孩子最好的爱，也是培养高情商孩子的最好示范。

> **小练习**　对于情绪管理的"开源节流"，你准备如何"开源"，如何"节流"？又如何教孩子"开源节流"？

育 儿 小 贴 士

和情绪做朋友

1. 认识自己的情绪。学会给情绪命名，和孩子玩"情绪词接龙"的游戏，看看各自能说出多少种情绪。

2. 理解孩子的情绪。试着说："你今天看上去很高兴""你今天看上去不太开心"，之后再问问孩子你猜得对不对。

3. 准备一个情绪"急救包"。当孩子心情特别糟糕的时候，为孩子准备一件可以安抚情绪的东西，如毛绒玩具、小被子等。

03

亲子沟通篇
良好的关系胜过
良好的教育

    良好的亲子关系，是家庭教育的基础。尊重孩子，真正地理解孩子，让孩子感受到爱，让平等、尊重、信任、关爱成为家庭生活的主旋律，这样家长和孩子都能获得精神上的愉悦。要以春风化雨的形式，鼓励和支持孩子的身心健康发展。

孩子是我们最好的老师

> 人人都说小孩小，谁知人小心不小。你若小看小孩子，便比小孩还要小。
>
> ——陶行知《小孩不小歌》

在美国访学时，我浏览正面管教讲师和导师们的个人网页，注意到一个有趣的现象，好几位导师在自我介绍的后面，常常会提到一句话："孩子是我最好的老师"。这句话让我很受触动，也让我思考良多。

如果孩子是我们最好的老师，你从孩子身上学到了什么？

向孩子学习，找回那颗童心

因为孩子的出生，我们成为父母；也因为孩子的到来，我们有机会重回童年，体会童真童趣。记得我女儿刚刚学会爬的时候，我陪伴在她的左右，和她一起在地上到处爬，引来了满屋子的欢笑。若不是因为孩子，我们如何能获得这么单纯的快乐？

我们常常形容孩子"天真无邪"，因为童心离神最近。有一次，一位朋友和我交流，他刚刚换了工作单位，工作内容大不相同，给他带来了很大的挑战。为了更好地适应新工作，下班后他常常主动留在办公室里加班，深夜才回家，但工作并没有多大起色。同时，他家中还有个不到一岁的孩子，每当他想到工作没有成就感，家里也没有帮上忙，就非常苦恼，甚至有些抑郁。

听到他说家中有一个很小的孩子，我建议他把时间顺序调整一下，尽量早点回家，每天抽出20～30分钟，好好地陪孩子玩耍。在这段时间里，放下手机和电话，放下工作，放下心中的忧愁，放下一切，全心全意地和孩子玩。他这样做了之后，既有了陪伴家人的时间，也减少了情绪内耗，甚至，专心陪孩子玩耍还治愈了他的烦恼，大大提高了他的工作效率。后来，他告诉我，正是那段安心陪伴孩子玩耍的时光，帮助他走出了困境。

我们陪伴孩子的同时，孩子又何尝不是在陪伴我们呢？父母和孩子的陪伴，是一种"双向奔赴"。

我也特别喜欢怀着一颗好奇的心，和孩子们一起玩。有一次，和学员朋友一起吃饭后，她的女儿要和我一起玩游戏。这个8岁的女孩刚刚看完设计展回来，收集了很多卡片，要和我玩"抓娃娃"游戏。卡片铺在桌子上，充当"娃娃"，她让我把手臂伸出来当"抓手"，我负责喊出指令"向左""向右"等，她则扶着我的手臂根据指令前后左右地移动，然后瞄准目标向下抓。我们一起玩得很开心，想想孩子们的创意真是太有意思了。

前段时间，我的右手受伤了，生活不是很方便。学员朋友家的"正二代"听说后，要妈妈带他来我家里做饭。这个九岁的男孩说他可以煮饭，还可以煎鸡蛋，要我多晒太阳，多吃新鲜水果，这样有利于早日康复。饭后，他还准备了各种百科知识，涉及物理、化学、生物、天文、地理，通过一问一答来考我。他想看看能不能把博士给"考倒"了。为了准备"考题"，他在家里阅读了大量书籍。我忍不住笑着问他："有没有考试范围呀？"

这样的童真、童趣太难得了，在孩子们身上，可以找到那颗童心，让我们回到生命最初的状态，感受到生命的美好。

向孩子学习，保持一颗童心，像孩子一样，充满好奇，去探索这个世界，为世界变得更加美好做出自己的贡献，这就是我们常说的"赤子之心"吧。"活得像孩子一样，但不要孩子气"（孩子气是冲动情绪的表现），这是我们成年之后的最高境界吧。

向孩子学习，拥抱未来的世界

孩子是代表未来的，他们的想法和境界可能是父母无法了解和达到的。纪伯伦在他的散文诗《致孩子》中写道："你们可以荫庇他们的身体，却不能荫庇他们的灵魂，因为他们的灵魂是住在'明日'的宅中，那是你们在梦中也不能想见的。"

"一门三院士，九子皆才俊"的著名教育家梁启超先生，一生桃李满天下，培育出了梁实秋、徐志摩、蔡锷这样的弟子，此外，他家中子女九人，也全部成为国家的栋梁之才。他在早年就发表了《少年中国说》，发出振聋发聩的呼唤"少年强则中国强""少年独立则中国独立"。

"自古英雄出少年"，现代科技日新月异，在互联网时代，孩子是"原住民"，父母只是"移民"，对于那些高科技的工具和信息，孩子懂的可能比我们还多。我们要向孩子学习，才不会在时代中落伍。这一现象引起了学者们的高度重视，提出了"数字反哺"的概念，描述后辈在数字技术和新媒体使用方面对长者的影响和帮助。研究表明，亲子沟通越频繁，父母接受孩子数字反哺的意向越强烈，数字反哺的行为越可能发生。当年我使用微博和微信，都是女儿教的，而在同龄人中，我使用网络新科技的手段是遥遥领先的。

教育的英文是education，源于拉丁文educaré，意为"引出"或"导出"，意思就是通过一定的手段，把某种本来潜藏于身体和心灵内部的东西引发出来。孩子是未来世界的主人，作为父母，通过教育的方式，把孩子身上的潜能引导出来，与其说是我们在教育孩子，不如说是通过这样一种方式和孩子共同在成长。

"读万卷书，行万里路"是我从小的愿望，一生的追求，有了女儿后也在继续践行：既培养孩子良好的阅读习惯，也培养孩子良好的旅行习惯。我相信："旅行是最好的教育"。

我女儿还很小的时候，我们就对生活的这座城市展开了探索，开始了"读城生活"。她上小学之后，我们每年暑假外出旅行一次。她小学毕业的时候，我们就决定，以后每到毕业的时候都进行毕业旅行。

通过多年的旅行，我和女儿有了比较相似的旅行观念。我们都是自助旅行，从不跟团。她的初中毕业旅行，我们选择了去韩国。那是我们的第一次出国旅行，说实在的，我感到有些茫然，甚至打起了退堂鼓，我和女儿商量：要不要这次先跟团，积累经验，以后出国再自助？可女儿说，凡事总有第一次啊。由于女儿的坚定，我们还是选择了自由行。

我们先从图书馆借来韩国旅游的书籍，一起阅读，渐渐地，那些著名景点的信息开始变得熟悉了。我们一起在网上订了机票和酒店，旅行的路线就交给女儿去规划了。她带我去了她偶像开的小店吃冰淇淋，还去了韩国电视台所在的汝矣岛，我们坐在汉江边分享自己对首尔的印象。可以说，那一次，是她带着我去游韩国的。

那次旅行，让我和女儿和关系更加融洽了，也让我们的旅行进入了新的境界。我由此开始了出国自由行，2019年我能够独自一人进行欧洲5国31天的旅行，和这次韩国之行打下的基础是分不开的。

更有意思的是，这次旅行后，我对女儿学韩语的态度有了180度的大转弯。女儿从初中开始追星，追的是韩国明星，所以平时总看韩剧和韩国综艺节目。中考后，女儿提出报培训班学习韩语，我心想：看看韩剧学学韩语就算了，没有必要专门报班学习吧？高考考的是英语，专门学韩语，会不会对英语学习有干扰呢？所以，我没有同意女儿报班学韩语。

那次在首尔旅行，我们搭乘的交通工具主要是地铁，那些站名我是弄不清楚的，但女儿就看得非常清楚；受韩国综艺节目的熏陶，女儿能听懂一些韩语，也可以简单说上几句，出门基本由她来当向导。这次旅行，让我对韩国文化有了比较深的了解，也对女儿学韩语有了新的思考。她对韩语感兴趣，也有了一些基础，那么多学一门语言，也多了一扇看世界的窗口。

回国后，我主动问女儿：马上高二了，这时候还愿意报班去学韩语吗？女儿高兴得都要跳起来了，马上去报了班。当时佛山没有这样的兴趣班，她在广州找到了一家。每个周五从学校放学后，她先坐公交，再搭地铁，赶到广州去学韩语。"兴趣是最好的老师"，在这个韩语班里，女儿大大提升了自信心，对她在校的学习也起到了积极的促进作用。

向孩子学习，最重要的是心态

"如果孩子是我们最好的老师，你从孩子身上学到了什么？"我把这个问题抛出来时，家长朋友们给出了很多答案。

有人说，我从孩子身上学到了：真实表达自己的情感，帮助有需要的人，乐于奉献，多鼓励，不评判。

有人说，我学到了：越挫越勇，打破砂锅问到底，争先恐后献爱心。

有人说，我学到了：如何无条件地爱和信任，还有知足常乐。她说，每天下班回家，孩子总是第一时间跑过来抱着她的大腿说："妈妈，我最爱你"。有时候她心情不好，一看到孩子，马上就"阴转晴"了。

其实，无论你从孩子身上学到了什么，关键是你愿意向孩子学习，这种心态最为重要。

在孩子年龄小的时候，我们会觉得他们可爱，发自内心地喜欢，他们也喜欢和父母呆在一起，这种亲子互动大多是积极的、美好的。当孩子十几岁的时候，他们会变得爱发脾气，不愿意和父母沟通，甚至和父母对着干，父母总感到难以理解。殊不知，孩子已经进入青春期了，我们需要重新建立和孩子的亲子连结。在"青春期孩子的正面管教"讲座中，我常常会提到"要学会向你的孩子学习"，很多父母一开始感到有些不解，之后又觉得很有道理。

在网络时代，在某些方面，孩子比我们懂得还多。至少我们可以向他们学学新科技啊。如果我们愿意虚心向孩子学习，亲子关系还会不融洽吗？

何况，当你用心学习时，会发现孩子身上可能藏着让人钦佩的智慧呢。记得女儿中考前填报学校志愿时，心仪的学校是佛山一中，这个学校学风好、口碑好、学生综合素质高，他们的毕业生后劲很足，到大学和工作后都表现得很好。当时女儿的成绩在正取生和择校生的交界处徘徊，考得好可以正取，考得一般只能按择校生录取，要交比较贵的学费。

我当时打电话给教育局工作的朋友，想听听他对填报志愿的建议。了解女儿的学习成绩后，这位朋友建议填报比佛山一中低一个档次的学校，他分析：女儿将来即使考进佛山一中，也只是去"垫底"，到另一所学校则是"拔尖"，可以受到老师的重视，获得更好的教育资源，俗话说"宁为鸡头，不做凤尾"。而且，按照当时的志愿填报规则，如果报佛山一中，万一考砸了，就只能去更低档次的学校了。说实在的，听到"垫底"这个词时，尽管明白这是女儿的成绩现状，我心里还是感到很难受。

如何填报中考志愿呢？我感到左右为难，就把这位朋友的建议原原本本地和女儿说了，女儿坚持要填报一中，她还说了句"凤尾也是凤"。"宁为鸡头，不做凤尾"是我从小就习以为常的一种理念，女儿的这句"凤尾也是凤"让我很受震动，对她刮目相看。

后来，女儿中考发挥得正常，"低分飘过"考上了佛山一中。但她并没有去"垫底",而是"遇强则强",在高中期间,学习状态比较好,成绩处于中上游。上了大学后成绩更是名列前茅,沿袭了高中母校毕业生的风格,表现出十足的后劲,后来放弃了保研的机会,申请了美国哥伦比亚大学的研究生。

如果我们愿意向孩子学习,保持终身成长的心态,生命中会有更多的惊喜和回报的。

小练习 如果孩子是我们最好的老师,你从孩子身上学到了什么?这对你教育孩子有什么启发?

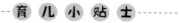
育 儿 小 贴 士

向孩子学习,做成长型父母

1. 向孩子学习,保持童心,保持好奇,以开放的心态拥抱各种变化。

2. 学会欣赏孩子身上的优点,拥有向孩子学习的勇气。

3. 向孩子学习,是一种境界,更是成年人成熟和睿智的标志。

解读孩子行为背后的心理密码

孩子最惹人讨厌的时候，是最需要爱的时候。

——简·尼尔森《正面管教》

想想看，目前你在育儿过程中遇到了哪些挑战？比如孩子不好好吃饭、做事拖拉、沉迷电子产品、不愿意和家长沟通、学习没有动力，等等。请你仔细想一想，这些不良行为都是孩子的问题吗？你是否也有"贡献"？

遇到育儿挑战是最正常不过的，即使我们实践正面管教多年，依然会遇到各种各样的挑战。特别是到了孩子的青春期，更是挑战不断，仿佛随时会引爆"定时炸弹"一样。

我女儿刚上大学的时候几乎天天和我闹情绪。从广东到北京求学时，仅是北方大澡堂就给她带来了巨大的冲击；学校占地面积小，向往菁菁大学校园的她备感受挫；在北京众多的著名高校中，女儿就读的学校也没有多少名气，同学们普遍缺乏价值感。这些让她开始后悔高考志愿的选择，甚至想要转学回广东。大学转学？听起来就像天方夜谭！起初，我会安静地听她诉说烦恼，然后理性地分析，甚至还暗暗感慨：这正是她成长的契机！当她后来表示无论如何都不愿改变自己去适应环境时，我明知那是她一时的气话，但也感到烦躁和担心。

静下心来，我想起了正面管教提醒我们要理解"行为背后的信念"。我要透过女儿的行为，走进她的内心世界。我意识到，女儿行为的"错误目的"是"寻求过度关注"。是啊，18岁的她第一次远离家门，南北方巨大的生活差异要适应，中学到大学的学习变化要适应，母女的分离焦虑要适应，所有这些适应过程都要靠她自己来完成，我要做的不是什么理性的分析，而是情感上的支持。

于是，一方面，在征求她同意的情况下，我寻找外援，请班主任和我在北京的大学同学出面找她谈心，关心她；另一方面，就是相信她，相信过程。女儿从小比较独立，也比较有主见，我相信她能度过这个坎儿。开学的新生教育阶段相对比较空闲，接下来三天的中秋假日更是让她的郁闷情绪不断升级，每天要打好几个电话给我。正式上课后，她开始喜欢老师教授的课程，比如管理学、经济法概论。慢慢地，她的情绪稳定下来了，和宿舍同学一起去上课，一起去图书馆，还参加了喜欢的社团活动，主动去听感兴趣的讲座。度过了最初的适应阶段，她在学业上不断精进突破，在班里始终名列前茅。这段历程让我看到了她的成长，也看到了自己的成长，更见证了正面管教的力量。

为了理解孩子，父母要走进孩子的内心世界。我们应该如何解读孩子行为的心理密码呢？

行为的冰山模型

我们常常说冰山一角，说的是在大海之中，露出的冰山只是

小小的一部分。按照阿德勒学派的理念，我们显露在外的行为，不过是冰山一角，隐在水面下的是我们的信念，藏在大海更深处的是我们内心最根本的需求，那就是价值感和归属感。

孩子从出生起，就不断地做出各种各样的决定（decision）。这个"决定"在阿德勒学派有特定的含义，包括了人们对自己（他人、世界）的"决定"——我是如何看待自己、看待他人、看待这个世界的？诸如我是一个好孩子/坏孩子；我很能干/我很笨；别人是友好的/不友好的；世界是安全的/不安全的……继而产生"求生存"还是"求发展"的信念，这些信念和决定影响着孩子的行为。

阿德勒学派认为，价值感和归属感是人的基本需求。想想看，当你归属于某个群体的时候，你是如何知道的？你有什么样的感受？你可能觉得你身边的人很友好，气氛很和谐，你享受其中，愿意为这个群体付出自己的努力，希望对其有所贡献，即使多做事情也心甘情愿。再想象一下，如果你在一个群体里没有归属感的话，你又会如何表现？你可能不愿意积极参加群体活动，即使参加了也不甘不愿，可能一点不如意的事情就会让你火冒三丈！

行为的冰山模型提醒我们，不要只关注孩子显露在外的行为，更要关注表面之下的部分，关注孩子的内心需要。我们平时更多时候看到的是孩子的挑战行为，其实那都是孩子发出的"信号"，要改变孩子的行为，必须先改变孩子的信念，帮助孩子从内心深处获得价值感和归属感。这就好比我们生病时，如果只是"头痛医头，脚痛医脚"，是不能真正解决问题的，最根本的是要提升我们的免疫力。

我不禁想起一个小故事，在湘雅医学院读临床心理学博士期间，我的舍友是一位口腔学博士。那时，每到九月、十月，我常常口腔溃疡，我以为是季节性的，于是天天使用口腔溃疡含片。后来，我的舍友告诉我，口腔溃疡是一个信号，它实际上在提醒人们：身体免疫力下降了，需要适当休息，而不是吃药硬扛，否则会加重病情。听了她的专业建议，后来再长口腔溃疡，我就会放缓工作和学习的节奏，尽量休息，不再吃药，慢慢也就好了。而且，口腔溃疡出现的次数越来越少，现在几乎没有了。

这个口腔溃疡的故事，和孩子们的挑战行为何其相似！遇到孩子的挑战行为时，如果我们靠说教、唠叨甚至责骂、惩罚，希望尽快"搞定"这个挑战行为，反而会让它愈演愈烈。如果我们改变思维模式，把孩子的挑战行为当成他们"寻求价值感和归属感"的信号，先改变我们自己的行为，调整和孩子相处的方式，如正面管教的金句"纠正前先连接"那样，先去修复与孩子之间的关系，使孩子的价值感和归属感得到充分的满足，孩子的挑战行为也就会逐渐减少了。

重新看待不良行为

当你改变看问题的角度时，你会发现，所谓不良行为，是缺乏知识（或意识）的行为、缺乏有效技能的行为、发展适宜性的行为（意为"符合孩子当前年龄的行为"）、因失望而产生的行为，以及因为偶然事件而转向"原始脑"操纵的行为。[1] 例如，刚刚上幼儿园的孩子，特别喜欢说脏话，大人越不让他们说，他们会说得越起劲，因为他们把说脏话当成一件新鲜事物来学习了，这就是一种缺乏意识的行为。

那对于孩子因失望而做出的行为，该如何应对呢？最好的办法就是走进孩子的内心世界。德雷克斯反复提到："一个行为不当的孩子，是一个丧失信心的孩子。"通过临床实践，他发现了孩子的四种"错误目的"，这些错误目的建立在如何获得归属感和价值感的错误观念之上。这些错误观念是隐藏于潜意识层面的，孩子们自己并没有意识到。这四种错误目的是：

（1）"寻求过度关注"。其背后的错误观念是"只有在得到你的关注时，我才有归属感"。

（2）"寻求权力"。其背后的错误观念是"只有我说了算或是你不能对我发号施令时，我才有归属感"。

（3）"报复"。其背后的错误观念是"我得不到归属感，但我能让你同样受到伤害"。

（4）"自暴自弃"。其背后的错误观念是"我不可能有所归属，我放弃"。

这四种错误目的之间有层层递进的关系。如果孩子寻求过度

1　参见尼尔森. 正面管教[M]. 玉冰，译. 北京：北京联合出版公司，2016：63-92。

关注的行为长期没有得到积极的回应，他可能会转向寻求权力；在与孩子的权力之争中，如果你总是"赢"，孩子不得不败下阵来，他可能会寻求报复；如果孩子报复的行为依然没有得到你鼓励性的回应，他可能会变得自暴自弃。

我们每天面对孩子各种各样的挑战行为，现在可以用以上四种错误目的来概括理解，这样更容易了解孩子行为的规律，让我们的教育方法更有的放矢。

"错误目的"表

错误目的表的学习，能让家长们通过自己的感受来分析孩子行为及其目的；能让我们用一种崭新的视角来看待孩子（或他人）的行为，豁然开朗。通过多年的实践，我发现这个错误目的表简直是太神奇了。在给家长们进行问题答疑时，几乎每个问题都可以参照错误目的表，找到积极回应的教育方法。错误目的表已被我们誉为"万能的错误目的表"了。

如何来解读孩子的错误目的呢？错误目的表的内容比较丰富，略显复杂，可以概括为"应对三部曲"：寻找感受、破解密码、积极回应（见表1[1]）。

----

1 参见洛特，尼尔森. 正面管教家长讲师指南[M]. 《正面管教家长讲师指南》翻译组，译. 北京：北京联合出版公司，2018：374。

表1　错误目的表

孩子的目的	如果父母或老师的感觉	而且想采取的行动	如果孩子的回应	孩子行为背后的信念	大人的错误信念	密码信息	父母或老师主动的、赋予孩子力量的回应
寻求过度关注（让别人为自己奔忙，或者得到特殊待遇）	心烦；恼怒；着急；愧疚。	提醒；哄劝；替孩子做他们自己能做的事情。	暂停片刻，但很快又回到老样子，或换成另一种打扰人的行为。	唯有得到别人关注或服侍时，我才有归属感；唯有让你们为我团团转，我才是重要的。	"如果你不开心，我就感到内疚。" "与看着你挣扎相比，替你做事情更容易些。" "我不相信你能处理失望。"	注意我。让我参与并发挥作用。	通过让孩子参与一个有用的任务，转移孩子的行为；忽略孩子的行为（抚摸孩子，不说话）；提要给孩子特别服侍；相信孩子能处理自己的感受（不要替孩子解决或解救）；安排特别时光；帮助孩子建立日常惯例；召开家庭会议或班会。
寻求权力（我说了算）	生气；受到了挑战；受到了威胁；被击败。	应战；投降；心想"你想让我做，但你制服不了我"或"我偏要按我的做"。	变本加厉；虽服从，但视作反抗；虽服从，但看到老师或父母生气就觉得自己赢了；消极对抗（说"行"，但说不行动）。	只有当我说了算，或由我来控制或证明没有人能指使我时，我才有归属感。	"我有控制权，你必须按我说的做。" "我相信，告诉你要做什么并且任何时候说教或激励你，是做得更好的最佳办法。"	让我帮忙。给我选择。	通过让孩子帮忙，转移孩子的行为；提供有限的选择；不要开战，也不要让步；从冲突中撤出并平静下来；只做，不说；决定你该做什么；让日常惯例说了算；培养相互尊重；设立几个合理的限制；练习坚持到底；召开家庭会议或班会。

续表

孩子的目的	如果父母或老师的感觉	而且想采取的行动	如果孩子的回应	孩子行为背后的信念	大人的错误信念	密码信息	父母或老师主动的、赋予孩子力量的回应
报复（以牙还牙）	伤心；失望；难以置信；憎恶。	反击；羞辱；心想："你怎么能做出这样的事？！"	反击；变本加厉；行为升级或换另一种武器。	我没有归属感，所以我伤心时就要伤害别人；没有人喜欢我，没有人要我。	"我之所以给你建议（而不倾听），是因为我认为你在帮助你。" "我更担心邻居们会怎么想，而不是你需要什么。" "为了让你不打别人，我不得不打你。"	我很伤心。认可我的感受。	承认孩子伤心的感受；避免惩罚和还击；建立信任；运用反射式倾听；说出你的感受；做出弥补；表现你的关心；鼓励孩子的长处；同等地对待孩子（不要选边站）；召开家庭会议或班会。
自暴自弃（放弃，且不愿别人介入）	绝望；无望；无助；无能为力。	放弃；替孩子做他们自己能做的事情；过度帮助。	更加退避；变得消极；毫无改进；毫无响应。	我没法有所归属，因为我不完美，所以，我要让别人对我不再寄予任何希望；我很无助，很无能；尝试没有用，因为我做不对。	"我期待你达到我的高期望。" "我认为你为我做事情是我的责任。" "信任你太可怕了。"	不要放弃我。让我看到如何迈出一小步。	将任务分成小步骤；停止批评；鼓励任何积极的尝试；相信孩子的能力；关注孩子的优点；不要怜悯，不要放弃，并示范成功的机会；教给孩子技能，并示范怎么做，不能替孩子做；真心喜爱这个孩子；以孩子的兴趣为基础；召开家庭会议或班会。

1. 寻找感受

识别孩子的错误目的有两条线索。第一条线索就是父母对孩子行为的情感反应；第二条线索就是当父母要求孩子停止其行为时，孩子的反应。

其中，第一条线索也是最重要的线索，就是寻找你（作为父母）的感受。这个感受就在你的身上，它仿佛一个警报器一样，当孩子出现不良行为的时候，它发出"哔哔哔"的声音，提醒你："前方高能，请注意！"这意味着我们身边有人受伤了。如果我们能静下心，好好体会自己最初的感觉，就能找到孩子错误行为背后的目的。

我们不妨想想看，孩子出现什么样的行为，会让你感到心烦、恼怒、着急、愧疚？（参看错误目的表第2列）比如，孩子不肯做作业、不爱吃饭、拖拉、顶嘴、不礼貌、不听劝告、不遵守承诺，等等。

2. 破解密码

就像发电报一样，我们要懂得密码，才能知道电报的真正内容。孩子的行为，同样不能只看表面现象，而是要破解密码，才能知道孩子真正想要表达的是什么。

当我们感到心烦、恼怒、着急和愧疚时，孩子的错误目的是什么呢？对应这张错误目的表来看，孩子的错误目的是"寻求过度关注"（第1列）。孩子行为背后的信念是："唯有得到特别关注或特别服侍时，我才有归属感；唯有让你们为我团团转时，我才是重要的。"（第5列）

3. 积极回应

读懂孩子的心底密码后，该如何有效地回应呢？第三步"有效回应"就是参看错误目的表的"第8列"。比如，孩子的错误目的是寻求过度关注，父母或老师可以作出主动的、赋予孩子力量的回应，包括：

☆通过让孩子参与一个有用的任务，转移孩子的行为。

☆忽略孩子的行为（抚摸孩子，不说话）。

☆说出你将怎么做。比如"我爱你/在乎你，并且一会儿会陪你"。

☆要避免给孩子特别服侍。

☆相信孩子能处理自己的问题，不要替孩子解决或解救。

☆安排特别时光。

☆帮助孩子建立日常惯例。

☆让孩子参与解决问题。

☆召开家庭会议。

☆设定一些无言的暗号。

如果要你从其中选择一个可以立即行动的鼓励性回应，你会选择哪个？选择后，先实践一周并观察情况。

按照这样的"应对三部曲"，你可以找找看，当你感觉"被激怒、受到挑战、受到威胁、被击败"时，当你感觉"伤害、失望、难以置信，憎恶"时，当你感觉"绝望、无望、无助、无能为力"时，孩子的错误目的分别是什么？孩子行为背后的信念是什么？你可以选择的鼓励性回应又是什么？

在这里，需要特别强调的是，你的感受是最重要的线索。对

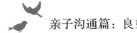
此，有两点需要提醒：

第一，确定你的感受。有时我们的感受很复杂，几种情绪交织在一起，此时要确定：最主要的感受是什么？另外，有的感受（比如难过）并不在错误目的表中，如果要你只在第二列的四类感受中进行选择，你会选择哪一类呢？以此为线索，去找到孩子的错误目的。

第二，同样的行为，如果引起的感受不同，所对应的错误目的也是不同的。行为和错误目的不是划等号的，比如，孩子不肯写作业，如果让你感觉被激怒，那么孩子的错误目的是寻求权力；如果让你感觉很失望，那么孩子的错误目的是报复。因此，对应的鼓励方式也不同。

错误目的表为我们提供了理解孩子行为的重要思考框架。你可以把这个表格打印出来，贴在家里的冰箱上，尝试使用，会有意想不到的效果。特别期待你的实践和分享。

小练习　结合错误目的表，解决一个孩子给你带来的挑战。这个挑战是什么？带给你的感受是什么？

育 儿 小 贴 士

解读错误目的表的"三部曲"

1. 寻找感受。例如，面对孩子的行为，当你感受到"心烦"的时候，说明孩子的错误目的是"寻求过度关注"。

2. 破解密码。如果孩子的错误目的是"寻求过度关注"，则孩子的心底密码是："注意我。让我参与并发挥作用。"

3. 积极回应。如果孩子的错误目的是"寻求过度关注"，可以用"通过让孩子参与一个有用的任务，转移孩子的行为""安排特别时光"等方式积极回应，尝试一周。

关于"错误目的表"的作业分享

家长学员Kiki

上完正面管教第二节课"解读孩子的行为密码"并在养育中实践之后，让我感受最深的是，每当我回家时，女儿都会开心地跳过来扑进我的怀里，大声喊："妈妈，你回来了！"要知道，这在半个月之前可不是经常发生的。

昨天晚上，女儿要完成幼儿园布置的画画作业，那时已经是晚上九点多了。我说："你的作业还没完成啊，快点呀，已经九点了，马上要睡觉了。玩了两天，作业还没完成。"

她哼哼唧唧："我还要再玩一会。"

"不要玩了，你没看见很晚了吗？我也有工作要做，没时间理你。"我显得很不耐烦。

"你不要说，你再说，我就不画了，就算画了也乱画。"

"要做就认真做，你这样的话那就别做了，我也不理你了。"

女儿立即大哭大闹起来："你不要老是说说说，你再说我就不画，不画！"

我非常烦躁，而且感到无能为力，也有点后悔说出不理她的话。这时，我想起了蒋莉老师讲的内容，深呼吸一口气，站起来说："妈妈要喝口水，你等我一下。"她一个人坐在椅子上，还在抽抽噎噎，拿着笔随意地在纸上乱涂。

我跑出去翻了翻书，心想，女儿到底想要什么呢？她行为背后的目的是什么呢？对照错误目的表，我发现，她的行为对应的目的是自暴自弃，我都不敢相信！难道是作业有难度，她不会做？还是说，她觉得我老是批评她，表扬弟弟，她没有归属感了？

我揉了揉脸颊，让自己不要再僵硬着脸，然后回到屋里。一进去，我就蹲下身，双眼凝视着女儿，微笑了一下，轻轻地触碰她的双手："宝贝，是不是作业有点难，不知道怎么动笔啊？不如妈妈和你一起做吧，我们一起来想想怎么完成它？妈妈错了，给我一个拥抱，好吗？"

"妈妈，"女儿立即跳进我的怀里，"我不喜欢听你说你不理我，你以后不要说。"

"对不起，妈妈以后不说了，我们一起看看作业，一起完成好不好？我相信你会画得很好，而且我会在旁边帮你。"

之后我俩很愉快地就把作业完成了，用了不到10分钟！其实，整个作业基本上都是她自己完成的。她还高高兴兴地自己洗了澡，乖乖地上床睡觉了。

要是按照我以前的处理方式，女儿会一直哭闹到晚上十一点钟，有时半夜还会惊醒哭诉我对她的强制。原来，读懂孩子行为背后的信念这么重要！孩子需要鼓励，就像植物需要水。感谢正面管教带给我的改变。

如何准确传递对孩子的爱

当孩子走进你的房间时，你的眼睛是否亮了起来？

——托妮·莫里森

做父母的，总以为自己是爱孩子的。可孩子却会抱怨说，没有感受到的"爱"不是爱！正面管教有一个重要的理念，就是"确保爱的信息准确传递"。为了帮助家长们向孩子传递真正的爱，在正面管教工作坊中，我会提到"爱的五种语言"，分享我和女儿的故事。

在育儿过程中，"爱的五种语言"对我的影响很大。可以说，对这个方式的掌握是我和女儿亲子关系的一个重要的分水岭，也为我现在从事家庭教育工作播下了一颗爱的种子。这里还有一个故事，且听我慢慢说来。

那时，我和女儿矛盾不断

2006年，我博士毕业来到佛山工作，女儿也转学到了我单位附近的小学。那时的我们，有甜蜜相处的时候，也有吵架升级的时候，有时亲子矛盾频繁发生。

我读博士期间，女儿从二年级到四年级是在外婆家生活的，在学校里是典型的好孩子，外公外婆非常疼爱她，甚至都有些溺爱了。比如，她回家写作业时，有时是边看电视边写，或是利用电视广告的时间写作业。但是，到了佛山后，这些习惯是不被我允许的。那时，她刚刚上小学五年级，已经表现出青春期叛逆的苗头，我的严格要求基本无法落实，有时我忍不住和她大吵大闹，事后我又感到后悔，内疚不已。

为了拉近和女儿的关系，我也想了很多办法。有一天，我在单位食堂里看到有笼仔排骨饭，我知道女儿喜欢吃排骨，回家后，我就告诉她周末一起去吃，女儿也很高兴，充满了期待。

等到了周六，我带着女儿一起去吃笼仔排骨饭。谁知，到了食堂才得知周末是没有这个特色菜的。女儿大失所望，生气地说"不吃了"，扭头就跑！我只好赶紧去追。还好，女儿没有乱跑，是跑回家了，人身安全。那天中午，她真的没有吃饭，我也是气乎乎的。

傍晚，我和一位闺蜜聊起这件事，似乎有了顿悟。女儿兴冲冲地去吃笼仔排骨饭，发现没有，很失落，这是正常的情绪反应，但扭头就跑是不合适的行为选择。情绪本身没有好坏之分，但情绪的表达方式却有高低之别，孩子有情绪很正常，如何引导她进行情绪管理，这是我作为母亲的职责。

初识"爱的五种语言"

过了几天，我出差去参加全国心理学的学术年会，和一位师姐同住一个房间，她向我推荐了她带来的《儿童爱之语》，就是《爱的五种语言》的亲子版。

书中说，每个人都有一个"情绪爱箱"，当这个箱子装满的时候，你就是心平气和的，当这个箱子空空如也的时候，你就会发脾气。一个人之所以生气，是因为他没有感受到爱。这个比喻，让我有种醍醐灌顶的感觉。

根据作者的观察，人类有五种爱的语言，那就是身体接触、肯定的言辞、精心时刻、接受礼物、服务的行动。

"身体接触"是最易于使用的"爱语"，如拥抱、亲吻。"肯定的言辞"就是夸奖孩子，对孩子说赞美的话。"精心时刻"就是给予孩子全心关注，让孩子感受到你和他在一起。"接受礼物"中的"礼物"应当是你真心想送给孩子的东西，而不是一种"奖品"。"服务的行动"是你为孩子提供服务来表达爱意。

这五种爱的语言，人人都喜欢，但每个人还有自己最喜欢的"爱语"。我们往往用自己最喜欢的"爱语"去表达爱，孰不知，如果大家没有在同一个频道上，就会出现"鸡同鸭讲"的现象。

按照书中的说法，孩子在五岁之后，就可以确定他最喜欢的爱语是什么了。我事先猜了猜，女儿最喜欢的爱语可能是"服务的行动"和"精心时刻"。回到家，我就和女儿分享了"爱的五种语言"，并问她，她最喜欢的爱语是什么？她说是"服务的行动"和"接受礼物"。我感到有些惊讶，说："我没觉得你喜欢礼物啊？"女儿回了句："那是你不觉得。"这句话直击我的内心。是啊，我要放下自己的成见，真正地去了解孩子，走进孩子的内心世界。

正巧那次我出差归来时，带回了很多小小的纪念品，女儿拿到后，很喜欢，还带到学校和同学们分享。以前我出差时都不会去买这些小礼品，这次与女儿沟通后，我才知道原来她这么喜欢礼物。

关于"礼物"，《儿童爱之语》这本书中提到："礼物的英文字gift源自希腊文charis，意思为'恩典，或是一个不配得的礼物'。"这让我感到震撼：既然是礼物，就应当是可以无偿得到的，不需要任何附加条件。如果是需要付出努力才能得到的，那就是一种酬劳。比如，你要带孩子去旅游，应当是你心甘情愿的，而不是因为孩子考了高分。"考出好成绩，才能去旅游"，那是一种有条件的爱。

应用"爱的五种语言"，学会真正爱孩子

学习了爱的五种语言，我才真正领悟到什么是无条件的爱。当我明白"情绪爱箱"的原理后，再面对女儿发脾气的时刻，我的反应不再是气急败坏，反而会很心疼女儿，因为这提醒着我，女儿的爱箱没有充满，她没有感受到爱。就像《正面管教》中说："最惹人讨厌的孩子，往往是最需要爱的孩子。"

当我知道女儿最喜欢的爱语之一是"服务的行动"后，我对待女儿的方式发生了180度的大转变。既然她的爱语是"服务的行动"，我就开始为她做一些事情。女儿比较喜欢吃排骨，于是每天清晨我都早早起床，用排骨汤为她煮面条吃。女儿小学六年级时，我每天早起为她煮排骨面，坚持了整整一年，我将这个面条称为"爱心面条"。正是这份爱心面条，伴随着女儿走过小升初的日子，也迎来了我们和谐相处的曙光。

之前，女儿总是丢三落四的，不是忘记戴红领巾，就是忘记带作业本。每次她打电话回来，让我帮她把东西送到学校去，我都很生气，责怪她："要是我不在家怎么办？"结果，她一句话就怼过

来："你现在不是在家吗？"我竟然无言以对，只好硬着头皮，骑单车给她送东西，心不甘情不愿的。有时也会威胁她说"这是最后一次了"，结果下次还会去送，送了后又埋怨，陷入负性循环之中。

知道女儿的爱语是"服务的行动"后，我改变了态度，只要我决定给她送东西，我就开开心心的，欢快地骑着自行车，心想这是"送爱心"啊，空气里仿佛都弥漫着一股爱的味道。渐渐地，我们相处得越来越和谐了。有意思的是，我到学校给女儿送东西的次数越来越少，她不再老是把重要的东西忘在家里了。不要以为这样的服务是娇纵了孩子，当孩子感受到充分的爱以后，这些不当行为就会不知不觉地减少，甚至消失了。

女儿上了初中后，我更是好好地践行着她的最爱——"服务的行动"。她要上学了，我陪她一起去买文具；她要和同学参加校外的才艺比赛，我就陪她去买服装；她要做模特，展示古代服饰，我就找老师教她简单的舞台秀；她做主持人，我就陪着她准备台词，一遍一遍地练。就是这些小小的行动，包含着浓浓的爱意，温暖着她也温暖着我。

女儿初二时，学校组织活动，让孩子给父母写一封信，父母给孩子回信。我和女儿的通信情真意切，引起了班主任的注意。在征得我们的同意之后，我们母女俩的信件刊登在他们班刊上。得知我是心理学博士，班主任还特别邀请我为家长们举办了一次讲座。那次，我分享的主题就是"爱的五种语言"。

2019年，我过生日，女儿写了一封信："我知道也听到很多人说我们俩的感情特别好，他们很羡慕。我知道你在其中下了很大的功夫，因为我年纪小、不懂事，需要你的引导，才能形成我们现在的'完美关系'，感谢你的付出，感谢你的引导。"

爱的五种语言，架起了我和女儿沟通的桥梁。爱的五种语言，不仅让我学会了爱女儿，也让我学会了爱自己。我知道，当一个人的爱箱装满的时候，就会心情愉悦，不会轻易生气。现在的我学会了照顾好自己，减少了不必要的情绪内耗，我感到自己的情绪爱箱是满满的。这样，我才可以真正地爱孩子。

小
练
习
　　你和孩子最喜欢的"爱的五种语言"分别是什么？为了确保爱的信息的准确传递，你愿意做些什么？

育 儿 小 贴 士

让孩子感受到爱，学会爱

1. 教育的秘诀就是"爱"。学会无条件地爱孩子，让孩子感受到爱。

2. 填满你和孩子的"情绪爱箱"。每个人都有一个"情绪爱箱"，当这个箱子装满的时候，人们是心平气和的，当这个箱子空空如也的时候，人们就很容易发脾气。

3. 发现孩子最喜欢的爱语。用孩子最喜欢的爱语去表达爱，确保爱的信息准确传递，培养孩子爱的能力。

4. 父母学会爱自己。杯满自溢，爱满自流。只有爱自己的人，才有能力去爱别人。

我和女儿的通信

只欠一句我爱你。

——给妈妈的一封信

可爱的妈妈：

你好！

请允许我这么称呼你，因为，在我的心中，你已不是严厉、严谨的母亲，而是可爱的、童心未泯的大孩子，可以跟我一起玩乐。当然，在我心中，你给予的爱更是不可忽视、不可磨灭的！

小学时，我一直以为我能独立，我要独立，离开家长的生活才是最适合我的。于是，我选择了初中住校。直到前往学校时，我才蓦然发现，我是离不开你的。那天我边听课边在心里落泪，回到宿舍发现你还在，我喜极而泣。

谁无父母？谁无子女？但母亲却无法与你度过每一个春秋。人们总是面对分离，无分离，又何来相聚的喜悦呢？君生我未生，我生君已老。母亲，虽然我愿永作你怀中的小儿，但光阴似箭，我必须要在某种程度上离开你了。

小时候，我似乎天天惹你生气，也因此挨了几顿打。那时我是不喜欢你的，因为你总打我，但我却依赖着你，让你在外地读硕士时还要每星期回来送我跳舞。真的谢谢你，为了我……

又过了些许年月，我开始羡慕你了，你知识渊博，我知道的事情你知道，我不知道的你也知道。而且，我的字如狗爬，而你的字如游龙戏凤，在纸上盘旋。

这个母亲节我没有什么准备，草草地写了贺卡，但我的心意，却没有全部表达。母亲，你的爱我收到了，会珍藏的；我的爱，你感受得到吗？从此，我会替爸爸好好疼你的，只欠一句"我爱你"。当你收到这封信时，我会对你说声"我爱你"，让你明白，你的女儿，真的，长大了……

祝妈妈永远快乐，幸福平安！^o^

女儿

亲爱的女儿：

你好！

女儿，我亲爱的女儿，妈妈常常在心底这么轻轻地呼唤着你。看了你的这封信，妈妈已是泪流满面，眼泪中有感动，还有喜悦。因为，我知道，我的女儿真的已经长大了。

看着你的信，妈妈不禁想起了你成长历程中的点点滴滴……

怀孕的时候，妈妈初尝为人母的喜悦，天天带着肚子里的你在校园里漫步。那时，我还不知道你是男孩还是女孩，也不知道你的名字。"我的宝贝"，我就这么叫着你，轻轻地对你说话，告诉你昼夜的变化，告诉你花开的消息。

你呱呱落地时，全家一片喜悦，连接生的医生都特意嘱咐我好好培养你。生你的时候，正值大雪纷飞，你的皮肤那么白，那么嫩，你就是我们的白雪公主，我们的掌上明珠。为了给你取一个富有诗意的名字，我们翻遍了唐宋诗词，最后选择了苏轼的那句"欲把西湖比西子，淡妆浓抹总相宜"。这个名字你会很喜欢的吧，这里寄托着爸爸妈妈的无限柔情与希望。

妈妈是学心理学专业的，用了各种各样的方法对你进行早期教育。你还不会说话的时候，妈妈就和你聊天，给你讲故事；你还很小的时候，就带你去图书馆、商店、银行、学校、公园体验。妈妈甚至陪着你满屋子地学习爬行……妈妈知道，不管运用什么方法来养育你，最重要的是爱。

从小，你就在外面表现得聪颖懂事。幼儿园老师喜欢你，小学老师也对你赞不绝口。你喜欢思考问题，也喜欢大胆表达，与同学相处得非常愉快。有一次，我去参加家长会，有位家长跟我说，你是一个非常快乐的女孩，我听了，感到由衷的高兴。

你在学习上从没有让妈妈操过心，即使小学五年级转学来到佛山时，你的英语成绩因为两地教学上的差异而有些落后，妈妈也只是陪着你学习了两周，你就用半个学期的时间赶了上去。说实在的，妈妈真的很佩服你，要知道，当时在湖南的小学，三年级才开始学英语，又学得比较简单，来到佛山后，看到英语单元试卷里有听力、阅读、作文，俨然小型英语四级考试，妈妈当时可是在心底为你捏了一把汗的。

到了佛山，你每天自己步行上学、放学，在其他孩子车接车送的画面中，你成了一道美丽的风景线。女儿，妈妈真的为你感到骄傲。特别是小学六年级时，为了考上你心目中的理想学校——华英，你付出了巨大的努力。虽然你和平时一样上学放学，但我能感受到你心中绷着的那一股劲。被华英录取的那天，你饱含深情地写了一篇日志《华英，我来了》。我由衷地祝贺你，我的女儿，因为你在用行动追求着自己的梦想。

也许是遗传，也许是青春期的缘故，有一阵子，你的脾气很犟，吃饭也很挑食，我们相处得也不够愉快。尽管妈妈动手打过你，可是"打在儿身，痛在娘心"，每次打你之后，妈妈都心疼不已。不管怎样，妈妈总在寻求能够促进亲子和谐的办法。记得有次出差回来，我读了《儿童爱之语》，和你讨论你最喜欢的爱的语言有哪两种？原来你最喜欢的是"服务的行动"和"接受礼物"。那时你正是长身体的时候，也是小学升初中的关键时刻，每天早上，我都为你做一份营养面条，我们高兴地叫它"爱心面条"。

这一年多来，妈妈越来越强烈地感受到你的变化。正如你在信中提到住校的第一天，那天你下课回来，看见我还在宿舍旁等着你，你把小手放在我的手心里，轻轻地说："妈妈，我好想你。"我知道，我温柔可人的女儿就在我的身边，我攥着你的手，心里暖暖的，柔柔的。

回到家里，你有时会说："妈妈，我们一起整理整理东西吧。"吃着我做的饭菜，你不再像以前一样挑剔，常常说："妈妈做的菜真好吃。"看着你津津有味地吃着，我心里甭提多高兴了。你也开始觉得妈妈的字写得漂亮了，每次买新书回来，就让妈妈帮你写上名字，还说妈妈写得好看。妈妈能够感受到你的成长、你的变化，还有你对妈妈的爱。特别是，当我收到你的信时，看到你那么大大方方地对我说了声"我爱你"，我真的是高兴极了。

进入华英学习，妈妈能够感受到你的压力。当你为成绩落后而伤心落泪时，妈妈也感到揪心。妈妈心疼，不是因为你的成绩，而是因为你的伤心。当然，妈妈也明白，成长的历程毕竟是有欢乐也有泪水的。看到你越来越适应中学的生活，越来越能体验到学习的快乐，妈妈感到莫大的欣慰。妈妈对你最大的希望就是：健康、平安、快乐！

亲爱的女儿，当你感谢妈妈的时候，妈妈也要好好地感谢你。感谢你给予我生命的力量，感谢你带来生活的温馨。谢谢你，我的女儿。

祝

健康、平安、快乐！

爱你的妈妈

2009年5月24日

如何有效地鼓励孩子

孩子需要鼓励，就像植物需要水。

——鲁道夫·德雷克斯

前不久，我到女儿的初中母校做一个关于学习动力的讲座。我问女儿，你要对学弟学妹们说些什么吗？她分享了一个故事：她初二的时候，作为数学课代表，在一次数学考试中只考了50多分，她感到特别难过，一个人躲在厕所里大哭了一场。晚自习的时候，班主任蔡老师（也是数学老师）把她叫到办公室，把试卷上的每一道题都陪她过了一遍，告诉她，有些题你其实是会做的，可能由于粗心，或者没有好好复习的缘故没有做出来，下次努力就好了。蔡老师还特别指出："你看，试卷中的这道题，全年级答对的寥寥无几，你却做出来了，我相信你是可以学好数学的。"带着这份鼓励，女儿在数学学习方面进步很大。后来她在大学的专业是统计学，和数学密切相关，现在从事的是软件工程师的工作，也是和数学分不开的。前段时间，女儿换工作要参加面试，还把大学数学又重新复习了一遍。

鼓励的话语可能影响着孩子一生的成长。现在，很多父母都意识到鼓励孩子的重要性。他们常常脱口而出："孩子，你真棒！你真是太聪明了！""你真厉害！我为你感到骄傲"。但有时夸孩子却并不一定能真正地鼓励孩子。

这到底是什么一回事呢？原来我们常常把"鼓励"和"表扬"混为一谈，这其中大有奥妙。

鼓励的力量

德雷克斯说过："孩子需要鼓励，就像植物需要水。"其实我们成年人同样需要鼓励，这句名言可以改为："每个人都需要鼓励，就像植物需要水。"正面管教的理论基础是阿德勒学派理论，又被誉为勇气心理学。勇气的英文是courage，意思就是说我们要成为自己。而鼓励的英文是encourage，多了前缀en之后的意思是"促使别人有勇气"，我们称之为"鼓励"。

回想一下你曾经受到过鼓励的经历，当时别人说了什么、做了什么？鼓励你的那个人可能是你的老师，你的老板，你的伴侣，你的朋友，甚至是你的孩子。

我想说说我的故事。我有一位大学老师，是我们的党委书记，所以我们都叫她常书记，她一直鼓励我在学业上有所成就。我在大学毕业九年后考了研究生，她笑着跟我说："你终于'睡醒'了！"我知道她一直都在关心我，听到这句话时，我能感到和她是那么亲近。刚开始读研究生的时候，她就鼓励我将来读博士，她说："我相信你可以的。"

正是在她的鼓励下，我后来又读了博士。常书记对我说："博士毕业的时候，你送我一张你的博士照就可以了。"毕业时，学校安排我们戴着博士帽拍证件照存档，我跟摄影师开玩笑说："你一定要帮我拍得好看一点，因为我是花了20年的时间才有机会照这张照片的。"是啊，我1986年上大学，2006年博士毕业，之间跨越了整整20年。我把这张照片送给常书记，在照片的背面写了四个字："师恩难忘"。

有个绘本，名叫《你把水桶加满了吗》，说的是我们每个人都有个隐形的水桶，它是用来装愉快的感觉的。如果我们对别人表示关爱，说了温暖的话，就会帮助别人把水桶加满，这时你就是一个加水人，为别人带来温暖和帮助，同时也会给自己带来快乐。鼓励别人，就是鼓励自己。

鼓励和表扬的区别巨大

1. 来自心理学实验的启示

斯坦福大学心理学家卡罗尔·德韦克（Carol Dweck）做过一个震惊学术界的研究，研究结果显示，经常被表扬的孩子和经常被鼓励的孩子差别非常大。更重要的是，这种影响可能会跟随孩子的一生。

这项研究观察了几百名学生，一开始他们安排孩子们做10道非常难的非言语型的智商测试题，大多数孩子都完成得很不错。然后他们把孩子分成两组，"表扬能力组"的孩子会收到针对其能力作出的表扬："哇，你做对了8道题。这个成绩非常棒，你在这方面非常聪明。""鼓励努力组"的孩子会收到对其付出努力的肯定："哇，你做对了8道题。你非常努力。"

这两组学生的起点是完全一样的，但由于"被表扬能力"和

"被鼓励努力"的差异，他们在随后的几轮测试中表现得截然不同。在第二轮的测验中，德韦克准备了10个简单的智力拼图游戏，和10个复杂一点的拼图游戏，让两组孩子自由选择拼图难度，并完成拼图。

大家猜猜看，刚才"表扬能力组"和"鼓励努力组"的两组学生，哪一组的孩子会更愿意选择难度较大的任务？

实验结果显示，"鼓励努力组"里90％的孩子选择了更具挑战性的任务，而"表扬能力组"的孩子大部分选择了简单的任务。为什么呢？当孩子长期处于对能力的肯定之中时，他们更渴望得到更好的评价。他们为了保持别人眼中的聪明形象而不敢冒险、害怕失败。而当我们的孩子被鼓励努力时，他们更愿意成为自己，他们愿意去尝试，即使失败了也不害怕，他们相信挑战会带来新的学习机会。

德韦克由此提出了"成长型思维模式"这一概念，指出，那些经常被鼓励的孩子更容易拥有成长型思维，相反，经常被表扬的孩子更容易出现固定型思维。拥有成长型思维模式的人，会认为自己的能力可以通过努力来培养，他们不怕挫折，敢于接受挑战；而具有固定型思维模式的人，相信自己的才能是一成不变的，他们要不断地去证明自己的能力，害怕挑战，害怕失败，因为失败会让他们有挫败感。

2017年9月，卡罗尔·德韦克以对"成长型思维"的突破性研究，荣获全球教育单项奖"一丹奖"。这套理论鼓励学生积极评估及发展自己的潜能，在教育界影响深远。

2. 来自体验式活动的感受

正面管教有个体验式活动叫"鼓励与表扬"，会邀请两位志愿者分别扮演孩子，一个体验被表扬，一个体验被鼓励。家长们第一次参加这样的活动时，常常会感到震惊！原来表扬和鼓励有这么大的不同，这真是颠覆了已有的认知！

"我真为你感到骄傲""你真是一个好孩子""你真棒"……家长们平时说的都是这样表扬的话啊，相比之下，"你一定会为自己而感到骄傲""我相信你的判断""不管怎样，我都爱你"这样的鼓励更能给人力量。

表扬和鼓励有哪些不同呢？通过角色扮演，家长们会体验到，鼓励和表扬所带来的长期效果迥然不同。长期受到表扬的孩子，可能更依赖他人的认可和评价，希望成为父母和老师眼中的好孩子、好学生，长大后也期待成为上司眼中的好员工，却失去了自我的肯定；那些长期受到鼓励的孩子们，则会更加自信、自立，他们更有勇气成为自己。

这里还要特别注意的是，当一个人失败的时候，我们不能给予表扬，他最需要的是鼓励。比如一个孩子考试没有考好，这时候怎么给他表扬？如果你说考得不错，他甚至可能觉得你在讽刺他呢！这时候他更需要鼓励，需要你的陪伴和支持，需要你对他付出的努力的肯定。

当然，我们也都喜欢听到表扬，比如有人称赞你是好孩子或者好员工，你听了也会蛮开心的。表扬好像是甜品，偶尔吃吃也是很开心的，但是让你天天吃甜品，你就会觉得腻了。鼓励更像是主食，或者是对我们健康很有利的那些食品，是我们几乎每天都需要的。

3. 如何区分鼓励与表扬

了解到表扬和鼓励的不同效果之后，有些家长可能也会感到困惑：平时要如何区分出哪些是表扬的话、哪些是鼓励的话呢？我到底该怎么说才好呢？

首先要肯定，适度的表扬是可以的，我们也不要对表扬产生恐惧，因为每个人都希望被认可、被肯定。需要注意的是，"过度表扬"是不利于孩子成长的，我们不希望孩子因"被表扬"而"上瘾"，去苛求完美或取悦他人，而应该鼓励孩子，让孩子知道他们自己是有能力的，自己付出的努力是值得的。

对于鼓励与表扬的区分，简·尼尔森博士在《正面管教》一书中的一些思考会对我们有所帮助：

我是在激励孩子的自我评价，还是让他依赖于别人的评价？

我是在尊重孩子，还是在摆家长的架子？

我是看到了孩子的观点，还是只看到了我自己的观点？

我会对朋友这么说话吗？

我们可以看到，表扬往往不是基于平等的关系，而更像一个高高在上的权威在进行评判，孩子们达到了我们的要求，我们就表扬他：你真棒，你真是很不错。而鼓励则基于平等的关系。所以，当你分不清表扬和鼓励时，不妨在心里问问自己："我会对朋友这么说话吗？"

鼓励的三种句式

正面管教就是一种鼓励的模式，正面管教的每一种方法和工具都可以帮助孩子感受到鼓励。正面管教的很多金句都有着巨大的鼓励力量，如："完成比完美更重要""要有不完美的勇气""相信过程""花时间训练""小步前进"。

在这里，我想介绍鼓励的三种句式。

（1）描述性鼓励：我看到……

在进行描述性鼓励时候，我们要像一个发现他人、关注他人的照相机一样，看到什么就说什么。比如，你可以说"我看到你今天写字写得很认真""我看到你一到学校就主动和老师同学们打招呼"，也可以说"你今天看起来有些不开心"……不要小看这个简单的句式，为什么这样白描式的简单表达能鼓励人？因为你关心他人，欣赏他人，有颗真诚的心，让别人觉得你在注意到他们，在看到他们，他们是很重要的。

（2）感谢性鼓励：谢谢你，因为……

感谢性鼓励就是因具体的事情真诚地表达感谢。比如，你可以对孩子说"你收集整理了同学们的作业，谢谢你""你今天提醒我要给外公打电话，谢谢你"……平时，孩子们帮助我们做了很多的事情，不要把它看成是理所应当的，我们要对他们表达感激，这就是鼓励，这里体现着一种平等的关系。在美国访学时，我住在高级导师波梅兰茨家中，当她准备晚餐时，我摆个桌子、洗个菜，她都会说"谢谢"，我感到"谢谢满天飞"，依然觉得很开心。那份因"谢谢"而产生的暖心的氛围，真是一种奇妙的感觉。

（3）信任式鼓励：我相信……

信任式鼓励是你基于对孩子的了解和认可而表达你的信任。

比如，你可以说：这次考试的确很难，我相信你付出自己的努力，一定会有收获的。

回到前面分享的故事，刚读研究生的时候，我的老师常书记就鼓励我将来读博士，我当时惊得下巴都要掉下来了。她非常淡定地看着我的眼睛继续说："我相信你可以的。"她用的就是信任式鼓励，你看这多有力量！她的话，我记了一辈子，影响了我的一生。

常书记已经80多岁了，到现在还常常鼓励着我。我会把一些音频分享给她，她通过微信给我留言道："谢谢分享，你的正面管教课我从头到尾认认真真一字不落地听完了，生动极了，获益匪浅。我为你感到骄傲和自豪，我也为你女儿有这样的妈妈而感到高兴。但是我又想，像你这样的妈妈太少了，现在很多父母亲功利思想特别严重，只想子女得高分，忽视对子女的心理和品德方面的教育，这是目前教育界的一个严重问题，你开展的正面管教教育确实很及时很重要，但这个工作确实很艰难，我祝你成功，我的教育家。"

老师亲切地称呼我为"我的教育家"，我觉得她好可爱。每每看到这段话，我都有种特别的感动和力量。常书记是我生命中的一束光，我要像她一样，点亮自己，照亮别人。

在正面管教家长工作坊，我会布置一项家庭作业："种植"一棵鼓励树。家长们可以和孩子一起，在一张大白纸上画一个大树，贴在家里比较显眼的地方，如客厅或餐厅。每天多多鼓励孩子，并把鼓励的话语写在便利贴上，粘贴在树上。这些便利贴就像树叶一样，经过一段时间，这棵"鼓励树"就变得枝繁叶茂了，家庭里处处充满了爱的味道。每隔一段时间，可以把"叶子"收集起来，贴在空白的笔记本里，形成属于这个家庭自己的"鼓励手帐"。是不是特别有趣、有爱？亲爱的读者朋友，你也去尝试一下吧。

前些天，我见到了佛山南海启沅社工的负责人傅坚宏，他和妻子刘晓珊都是我们的正面管教讲师，他们还把鼓励树应用在青少年的心理健康服务上，收到了很好的效果。通过班会课的形式，他们在试点学校的试点班级里"种下"一棵鼓励树，让青少年有意识地鼓励自己或身边的同学。同学反馈道："每次看到鼓励树上面有鼓励自己的语言，都会感觉有力量在支持我前进。即使有些话不是对我说的，我也会在上面感受到同学们的善意和激励。"

我感到很震惊，没想到一棵小小的鼓励树，竟然发展成了别具特色的社工项目，走进了学校和班级，培训了教师，帮助了青少年，并影响了家长。我期待有更多的家庭加入，学习制作鼓励树，连成一

片的"鼓励森林"，鼓励更多的孩子有勇气成为更好的自己。

小练习 　学习使用鼓励的三种句式，在家里制作一个鼓励树，把鼓励孩子的话写在便利贴上，贴在鼓励树上。

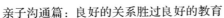

育 儿 小 贴 士

鼓励的三种句式

1. 描述性鼓励："我看到……"如，我看到你为明天上学整理好了书包。

2. 感谢性鼓励："谢谢你，因为……"如，你帮妈妈按摩了，谢谢你。

3. 信任式鼓励："我相信……"如，我相信，你参加这次演讲比赛，可以学到更多的东西。

和孩子共度"特别时光"

> 如果你说你在下午四点来，从三点钟开始，我就感觉很快乐，时间越临近，我就越感到快乐。到了四点钟的时候，我就会坐立不安，我发现了幸福的价值，但如果你随便什么时候来，我就不知道在什么时候准备好迎接你的心情了。
>
> ——圣埃克苏佩里《小王子》

作家龙应台曾经说过，父母也是有"有效期"的。当第一次听到这句话时，我深受震动。仔细想一想，我们真正能陪伴在孩子身边的时间也是非常有限的。孩子进入青春期之后，他们往往更喜欢和自己的同伴在一起，"亲子时光"更是少之又少。

在正面管教中，有一个大家耳熟能详的工具就是"特别时光"。这个方法就是"以切实可靠的方式和孩子进行情感联结"。"特别时光"与你平常和孩子待在一起的时间是不一样的，而是事先安排好的一段时间，像任何重要会议一样不容变更。

女儿上高中的时候，我们母女其实一直有个"特别时光"，是我们后来才慢慢体会到的。那时，家里还没有买车，每周日下午送女儿返校，我就和她一起去搭公交车。从家里走到公交站大约10分钟，我们一边走一边聊。有时公交车上人比较多，我们都没机会说话，只是站在一起或坐在一起，即使只是余光对视，内心也是暖暖的。下了车，离学校还有一小段路，也是10来分钟的时间，我们继续边走边聊。渐渐地，我们发现这个过程很享受。有一次，我故意逗女儿说："今天，你自己去上学吧。都这么大了，不用妈妈送了。"女儿撒着娇说："哎呀，别啰，我就是喜欢你送我上学嘛。"我分明感受到有股别样的暖流在我们之间流动。

为什么要进行"特别时光"

首先，"特别时光"是基于情感和爱的需要。心理学家哈洛等人曾做过这样一个实验，让新生的小猴子从出生的第一天就同母亲分离，在接下来的165天同两位"母亲"生活在一起，一位是"铁丝妈妈"、一位是"绒布妈妈"。铁丝妈妈的胸前挂着奶瓶，绒布妈妈则没有。研究发现，虽然小猴子在铁丝妈妈那里能喝到奶，但它更愿意和绒布妈妈待在一起，只有腹中饥饿的时候，它才去找铁丝妈妈，其余大部分时间都依偎在绒布妈妈的身上。

哈洛等人的研究成果给了我们很多有意义的启示：父母对孩子的养育不能只停留在吃饱喝足的层面上，还要让孩子感受到爱，为孩子建立安全的依恋，这是孩子健康成长的前提和基础。和孩子定期进行"特别时光"，就能让孩子感受到这种情感的连接，确保爱的信息准确地传递。

其次，生活需要仪式感。有的家长说，吃喝玩乐都带上孩子，这是"特别时光"吗？这不是，"特别时光"需要一个固定的时间。就像生活里需要节日一样，有了节日，我们才会觉得平平常常的日子里有了色彩，有了盼望。

如果能定期和孩子进行"特别时光"，如给孩子讲睡前故事、一起玩游戏、一起看电影等，对于年幼的孩子来说，就像为他们提供了稳定的环境和日常惯例，会让他们更有安全感。对于青春期的孩子，"特别时光"就像是父母和孩子的定期"约会"，即使是在一起闲聊，做一些看似普普通通的事情，都会觉得空气里透出一种幸福的味道。

"特别时光"的魔力

"特别时光"有怎样的魔力呢？在这里，我想分享几个小故事。

1. 我和女儿的"特别时光"

女儿进入青春期之后，我们的母女关系变得格外敏感，仿佛有个"定时炸弹"，不知道哪一天哪个导火索就会突然引爆，我们就瞬间处于"情绪战争"之中了。直到女儿初三，我和女儿度过了一段陪读时光，有了更多的沟通和交流，关系才变得越来越融洽。到了女儿高中，我们的关系更是进入一个非常美好的阶段，有了相互赋能的感觉。

回想起来，女儿上高中的时候，我和她有两个"特别时光"。上高中后，女儿主动提出来，每周五放学，我们在外面吃晚饭。于是，周五共进晚餐，成了我们的一个"特别时光"。我们一边吃饭一边闲聊，海阔天空的，一般都不会说到学习和考试。我常常和父母们说，要练习和孩子闲聊的功夫。不断学习不断成长的父母，才有好奇心去了解孩子，才有很多新鲜事儿可以和孩子去分享。我和女儿的另一个"特别时光"，就是前面提到的周日下午返校，我陪她乘车、走路，边走边聊。

这样的"特别时光"陪伴女儿走过了高中三年。女儿在高中的状态特别好，她有自己的学习目标，也知道如何去努力，我也非常放心，鼓励她去探索自己。在忙碌的高中阶段，她还学了很多自己感兴趣的东西，如吉他、韩语、主持人、英语。后来她考上了一所重点大学，在大学里崭露头角，"后劲"很足。

2. 上海妈妈和儿子的"特别时光"

我曾经听过一位上海妈妈的故事，非常感人。她在和青春期孩子的关系几乎崩溃之际，遇到了正面管教，她使用的方法就是"特别时光"。当时她的儿子已经高三了，正准备申请去美国留学，家里还有一个上小学的女儿，让她感到焦头烂额。她和儿子的亲子关系非常糟糕，儿子的学习成绩一落千丈，往往回到家就把门一关，什么也不说。

亲子之间已经无法沟通对话了，这位妈妈不得不改变自己，她觉得最重要的是和孩子恢复情感连接。这位妈妈找到了一个切入点，孩子特别喜欢吃汉堡，于是每到周末，她就带孩子去吃上海最好吃的汉堡。其实，这位妈妈是不喜欢吃汉堡的，但她硬着头皮跟着孩子一起吃，几乎把上海的汉堡吃了个遍。

这期间，孩子面临着升学的压力，这位妈妈只能自己忍住，从不过问，只是陪着孩子吃汉堡。海外留学的所有申请都是孩子自己完成的。由于孩子坚决不愿意让父母插手，也由于判断失误，最后孩子只是被美国一所非常普通的社区大学录取了，这位妈妈也没有抱怨。孩子到了美国后，这位妈妈就坚持给孩子写信，不管孩子是否回信，她都坚持写，每次写都是一边哭一边写，她说自己把自己感动得不得了。

其实，孩子在海外学习也遇到了很多困难，但由于和父母保持着这份情感连接，所以他从未放弃学习。后来这个孩子通过自己的努力，在大三的时候转学到一所名校，攻读他最喜欢的脑神经科学。去年孩子顺利毕业，在美国的一个顶尖实验室找到了工作，并且准备攻读硕士和博士学位，走学术研究的道路。

更可喜的是，在这个过程中，这位妈妈也完成了"华丽转身"，从家庭主妇蜕变成职场精英。孩子留学的这几年，也是她自己不断努力奋斗的几年。她自己都很感慨，她是和孩子一起成长起来的。

3. 父亲和孩子的"特别时光"

有一次，在我们的正面管教讲师互助会里，最后的一项活动就是"家长互助解决实际问题（PHP）"。有位志愿者父亲带来了他的问题：女儿马上就要中考了，最近的模拟成绩不是太理想。女儿一回家，父亲就问她考得怎么样？女儿心里非常不乐意，心想你都收到成绩的短信了，这不是明知故问吗？父亲和女儿谈话之后，发现都是一些老生常谈的问题，一直也没有得到解决，父亲感到很无助。

我们采用角色扮演的方式，请这位父亲扮演他的女儿，帮助他走进孩子的世界。大家根据这个场景进行头脑风暴，提出了很多建议。如，做父母不要过于严肃，也要活泼有趣；认可孩子的感受；策划"特别时光"，等等。这位父亲主动选择了"特别时光"这条建议，作为接下来一周里尝试的解决方案。在第二轮的角色扮演中，他尝试和女儿进行"特别时光"，一起去看电影。起初这位父亲感到有些小尴尬，因为他平时很少表现得这么温情，但当他试着去做的时候，家里原本比较压抑的气氛一下子变得温馨起来。这位父亲还分享道，父亲是一个家庭的天，这个天不能只打雷下雨，还要有晴天和阳光。我们都为这位父亲的领悟能力和爱心点赞。

"特别时光"的3A原则

如何让"特别时光"产生魔力呢？有什么注意事项呢？《3～6岁孩子的正面管教》提到了"特别时光"的3A，分别是：心态（attitude）、关注（attention）、单独（alone）。

第一个A是心态。当你抱着"'特别时光'是有价值的并且是值得的"这种心态，花时间和孩子建立情感连接时，你和孩子一起度过的时间就会具有真正特别的品质。"特别时光"需要的是细水长流的功夫，不是"三天打鱼、两天晒网"的心血来潮。我和女儿在高中时的"特别时光"是周五晚的外出就餐和周日下午的陪伴返校，我们坚持了三年。女儿在童年时期，我们一起睡前阅读，坚持了七年。这些都成了我们美好的回忆。女儿在美国留学读研的时候，我们开始了线上的家庭会议，成为我们现在的"特别时光"，已坚持了四年。

第二个A是关注。是指当你能全神贯注在孩子身上时，"特别时光"会更有效。这个时候，我们要切断电话，屏蔽电子产品，一心一意地和孩子在一起。但很多时候，我们家长表面上和孩子在一起，实际上却是"人在心不在"。有一次，我在小区散步，看到一对父女，父亲手上挎着一个小小的双肩包，上面印有小区幼儿园的标志。这是父亲送孩子上幼儿园的场景，按理来说，这位父亲表现很不错啊。可实际的情景是：小女孩在前面百无聊赖地走着，这位父亲一直在低头看手机，根本没有时间理睬孩子。接送孩子上学，原本是一个多么好的"特别时光"啊，却没有被用心对待。

最后一个A是单独。它强调的是"特别时光"是远离其他家庭成员的一段时光，是一个孩子和一个大人共度的时间。现在已经是"三胎时代"，很多家庭有了一个以上的孩子。每个孩子都需要爸爸，也需要妈妈，最需要的是单独的关注。那就需要父母分别和每个孩子进行"特别时光"。孩子的年龄、性别不同，他们需要的"特别时光"的方式可能也不同。教育专家蒋佩蓉有三个儿子，她和先生都定期地跟每个孩子"约会"，跟某个孩子有一个单独相处的时间，给孩子的"感情银行"不断存款。另外，给予孩子专属的特别时光，也是解决兄弟姐妹纷争的一种好方式。

和孩子相处，最重要的还是那句老话：关系第一。让我们和孩子一起共度特别时光，让他们感受到爱的力量，也让我们感受到生命的滋养。

小练习　　和孩子好好商量一下，你们计划共度的"特别时光"是什么？

育 儿 小 贴 士

和孩子共度"特别时光"

1. 固定一个时间，和孩子进行"特别时光"。要有仪式感。

2. 每个孩子要有专属的"特别时光"。如果家里有两个或两个以上的孩子，要分别和他们进行"特别时光"，这是解决兄弟姐妹纷争的好办法。

3. 爱就是花费时间。2～6岁的孩子，每天应有至少10分钟的"特别时光"；7～12岁的孩子，每周应有至少30分钟的"特别时光"；13岁以上的孩子，每月应有至少15～30分钟的"特别时光"。

04

问题解决篇
赢了孩子VS赢得孩子

正面管教关注问题解决。当我们以尊重的态度把问题交给孩子时，就会让他们体验到价值感和归属感，就能赢得孩子们的合作；孩子们就能学会如何与他人相处，掌握面对未来挑战的工具和方法。

正面管教为什么不提倡奖励

> 与内在动机相关的"奖赏",是一个人自由地从事目标活动时自发产生的愉悦感和成就感。因此,感觉胜任这项工作,是人们内在满足感的一个重要方面。
>
> ——德西、弗拉斯特《内在动机》

我的名字叫蒋莉,谐音就是"奖励",以前我都会这么介绍自己:"我的名字很好记,是'奖励',不是'惩罚'。相比批评和惩罚,奖励和表扬多好啊!我就是那个大受欢迎的'奖励'老师。"

自从学习了正面管教,才发现正面管教是不提倡"奖励"的。起初我也心存疑惑,但随着对正面管教的理解越来越深,如今我会坚定地说:"我是不主张奖励的'奖励'老师。"

为什么会有这么大的转变?请你和我一起,来回顾这段心路历程吧。

生活中深受欢迎的"奖励"

在心理学的专业学习中,我知道"奖励"是大受欢迎的。心理学三大势力的行为主义流派，就有一个塑造行为的方法，叫"代币法"。当孩子做出一个我们所期望的行为时，就给他一个代币，如小红花、小星星，其目的是用奖励的方式让这些行为出现得越来越多。回想我们小时候，不就是伴着小红花一路长大的吗？

我女儿小的时候，我也使用过"代币法"，想让她好好收拾玩具。我画了表格，每收拾好一次，就打一个钩，积累了一定数量的钩可以兑换一个礼物。起初，女儿看到钩钩在增多，觉得很兴奋，但没过多久，她就没什么兴趣了，因为那个礼物对女儿来说，没有什么诱惑力，结果当然是她没有学会主动收拾玩具。

让我对"代币法"的应用赞叹不已的，是新东方的儿童英语学习——泡泡英语。女儿转学来到佛山，为了迅速提升英语水平，暑假期间，我们报名参加了泡泡英语的培训。每次的作业、每次的课堂表现，都可以让孩子获得不一样的泡泡印章，积累起来，就可以换礼物了。虽然换的是一些很常见的文具，如彩色铅笔、转笔刀，但都是女儿的战利品，她很珍惜，学习英语的兴趣大大提升了。

有一次，老师要求他们在课堂上背诵一篇英文故事，背完可以得到10个泡泡。因为感觉自己背得不太熟练，女儿没敢举手。第二天她主动举手背诵，但泡泡打折了，只得到5个。女儿懊恼不已，回来和我聊起这件事，我就鼓励她下次要大胆点、自信些。当时，我不禁感叹，这些泡泡对女儿还挺有用啊，引起了女儿的好奇和兴趣，正如我之前学过的学习动机理论，说可以先激发孩子的外在动机，再过渡到引导孩子的内在动机。

同时我也发现，很多孩子更多是对那些泡泡印章感兴趣，学英语只是学了一个"热闹"，并没有对英语学习产生兴趣，学习效果也就大打折扣了。

正面管教不提倡"奖励"

刚接触到正面管教的时候，得知正面管教不提倡奖励，我感到难以理解。以前学习心理学家奥苏贝尔的动机理论，不是也提到：对于年龄小的孩子，应主要激发他们的外在动机，然后再过渡到内在动机吗？看到我疑惑的样子，我的导师依然保持坚定的态度，她说这部分的内容对大多数人来说是颠覆性的认识，具有挑战性。

正面管教有一个体验式活动，叫"惩罚先生"。让一位志愿者扮演孩子，另外三位志愿者扮演不同模式的家长。面对孩子不写作业的情境，惩罚型家长采取恐吓、打骂的方式逼着孩子写作业；奖励型家长则通过发小星星或直接奖励金钱的方式，哄劝孩子写作业；学了正面管教的家长则会和孩子一起面对困难，问问孩子遇到了什么问题，与孩子一起头脑风暴有什么可能的解决方案，也许这并不能起到立竿见影的效果，但家长和孩子的感受变得不一样了，大家感觉情绪平和，这就迈出了解决问题的第一步。

前几天，在我们的正面管教家长讲师班里，就进行了这个活动。扮演惩罚型家长的志愿者太入戏了，真的拿起道具皮带要打孩子，我惊呆了，连忙阻止。而面对奖励型家长，孩子和家长开始了讨价还价，家长答应写两页作业给五块钱，孩子却要求写一页就要五块钱。

在后续的讨论中，有位家长朋友分享了她儿时的故事。她说，那时她写毛笔字写得不够认真，她的父亲为了让她能写好毛笔字，就采取奖励的方式，宣称写好一个字，可以得到一块钱。一个字一块钱，在那个年代也不是一个小数字。起初，她很开心，这样能挣一大笔钱呢，但很快她就不愿意挣这个钱了，觉得还是玩更有吸引力。你看，如果不能真正激发孩子的内在动机，仅用金钱奖励，这种外在动力是很难持久的。

还有一位讲师朋友分享说，之前她和孩子一起制订暑假计划，为了让孩子做家务，她给孩子集小星星。扫地一次算一个小星星，洗碗一次算两个小星星，每个小星星可以换一块钱。暑假里，孩子很积极地做家务，她看在眼里喜在心里。暑假结束，孩子积攒的星星换成了100元，在当时可是"巨款"，孩子特别高兴。但她慢慢发现不对劲了，以后再喊孩子做家务，孩子总是会先问："有钱吗？"不给钱，就不做家务了。学了正面管教，她才意识到，是"奖励"做家务这件事，削减了孩子承担家务的责任感。

正面管教有一个工具，叫"行为惯例表"，如睡前惯例表、晨起惯例表、写作业惯例表等。家长和孩子一起进行头脑风暴，共同约定，来培养良好的行为习惯。这张工具卡上就有一个特别提醒——不奖励！孩子按时睡觉、按时起床、按时完成作业，不要因此"奖励"他们，因为奖励会带走能力感。德西与弗拉斯特的《内在动机》一书中指出："这种让人主动激励自己的东西就是内在动机，即人们为自己而做某件事，为了行为本身固有的回报而做某件事。""与内在动机相关的'奖赏'是当一个人自由地从事目标活动时自发产生的愉悦感和成就感。因此，感觉胜任这项工作，是人们内在满足感的一个重要方面。"也就是说，内在动机是自带"奖赏"的，外在的"奖励"反而会削弱这种满足感。

正面管教不提倡奖励，而是提倡激发孩子的自律和内在动机。

不奖励，要鼓励

我们可能都听过这样一个故事，一群小孩子跑到一位老爷爷家门前玩，打打闹闹，非常吵。老人喜欢安静，想赶这些孩子走，但他知道，你越赶他们，他们就会越吵。于是，老人想了个办法。他对这些小孩子说："小朋友们，你们明天继续来玩吧，只要你们来，我就给你们一人一块钱！"第一天，每个小孩子都拿到了一块钱，他们喜出望外。第二天，孩子们又来了，老人却说："孩子们，我不能给一块钱了，只能给你们每人五毛钱。"孩子们有些不悦，但也接受了。第三天，孩子们再来时，老人说："从明天开始，我只能给你们每人一毛钱了。"孩子们说："一毛钱太少了，以后我们再也不来玩了！"

孩子们最初来老爷爷家门口玩，是因为自己喜欢玩，这是一种内在的动机。但是，当老爷爷给钱让他们来玩时，内在动机就变成了外在动机，他们变成了是为了钱来玩的。当老爷爷给的钱不能满足他们的预期时，他们就会放弃最初的兴趣和行为。

孩子的学习也是如此，每个人对学习新知都有一种内在的渴望。在生活中，常常有些家长对孩子许诺：如果你学习成绩提高了（考到班上多少多少名），就带你去哪里哪里玩，或者买什么什么玩具，或者去哪里哪里吃大餐。这种奖励的方式，往往会削弱孩子对学习的内在动机。孩子不再从学习本身获得乐趣，而是为了获得家长的奖赏而学习。《内在动机》一书的研究证明：内在动机，而非外在动机，才是创造、责任、健康行为以及持久改变的核心所在。

并且，如果孩子没有考好，父母就不带孩子出去玩，也没有买玩具，就会让孩子感觉到爸爸妈妈并不爱他们，爸爸妈妈爱的是他们的好成绩。

有些家长会问，如果孩子考得好，可以带孩子去旅游，去吃大餐吗？当然可以，这是一种庆祝，一种鼓励，但不要事先讲条件，不要让这些鼓励变成孩子必须考出好成绩的砝码。

做家务能锻炼孩子的独立自主能力，但有些家庭为了鼓励孩子做家务，就给孩子金钱奖励，正面管教对此也是不提倡的。正面管教建议通过开家庭会议的形式，和孩子一起头脑风暴，看看家里有哪些要完成的家务，每人可以进行认领。孩子是家庭的一员，要给孩子提供为家庭做贡献的机会。

通过十年的正面管教教学，我真正认识到了"不奖励"的重要性。对孩子要多鼓励，不要奖励。有位朋友也是正面管教讲师，经常和儿子进行沟通，她的儿子九岁了，懂得很多正面管教的方法，我们亲切地称他为"正二代"。有一次，她和儿子吃早餐，儿子大赞今天的早餐很好吃，她顺嘴就对儿子说，如果他今天作业做得好，明天就有更好吃的早餐。这位"正二代"立即义正言辞地告诉她：如果把好吃的早餐设了条件，这就是奖励！这是不对的，蒋莉老师都不主张"奖励"。

小练习　　你奖励过孩子吗？效果如何？正面管教不提倡奖励，这对你有什么启发？

育 儿 小 贴 士

激发内在动机，让孩子成为自己生命的主人

1. 帮孩子设立合理的期望。追求目标的过程就像"跳起来摘桃子"，太高了，会够不着，容易灰心丧气；太低了，会觉得很无聊。

2. 发现孩子的真正兴趣。保护孩子的好奇心，不用奖励的方式来控制孩子，而是多鼓励孩子进行探索。

3. 培养孩子的自主性。营造尊重孩子的家庭氛围，给孩子提供有限的选择，让孩子从小为自己的事情做主，如自己穿衣，自己吃饭，自己上闹钟起床，自己制订作业计划，等等。

神奇的家庭会议

家庭中最值得做的事情，就是定期召开家庭会议。

——简·尼尔森《正面管教》

先说说我和女儿开家庭会议的故事吧。从2019年6月起，我和女儿开启了系列家庭会议，每周一次。女儿2020年2月研究生毕业，彼时全球新冠疫情肆虐，处于就业的冰季。当年5月，女儿从统计学专业成功转型，在硅谷找到了满意的工作。正是持续了近一年时间的30多次的家庭会议，陪伴女儿穿越了至暗时刻。

疫情下，尽管我和女儿已有三年多没有见面了，但从未感到遥不可及，我们每周的家庭会议，跨越了大半个地球，架起了爱的桥梁。如今，女儿已经结婚了，我们的家庭会议还在继续，至今已进行了一百多期了。家庭会议是我和女儿的"特别时光"，也成了我们的家庭文化传统。现在，女儿和女婿他们的小家庭也会进行家庭会议。

多年来，我亲身践行家庭会议，并大力传播，影响了无数的家长。2022年12月24日，我受邀在中国教育30人论坛第九届年会上进行主题发言，分享了"家庭会议"这个话题。

看到家庭会议这么神奇，很多家长都跃跃欲试，同时也提出了很多的疑惑。怎样才能开好家庭会议呢？接下来我分享几个关键点。

为什么要进行家庭会议

有人问过正面管教联合创始人琳·洛特："正面管教意味着什么？"她回答："正面管教意味着世界和平。"正面管教帮助家庭建立和谐的关系，如果每个家庭能够和平相处，就是为实现世界和平做出贡献呢！在中国，也有"修身，齐家，治国，平天下"的说法。

简·尼尔森说过，在52种正面管教工具中，如果她只能选择一个的话，她会选择"家庭会议"。

2014年我在正面管教高级导师波梅兰茨家暂住期间，她把家里珍藏多年的家庭会议记录本拿出来给我看，20多年前，当她开始学习正面管教时，她的两个孩子还未成年，他们那时就定期召开家庭会议。我看到里面讨论的内容有：家务活如何安排？怎样进行暑假计划？里面还夹有大白纸，记录着当时头脑风暴的情况。这个家庭会议册子，记载了孩子成长过程的点点滴滴，弥足珍贵。

家庭会议提供了一个良好的机会，可以教给孩子们有价值的社交技能和生活技能，培养孩子良好的性格。简·尼尔森认为[1] 通过家庭会议，孩子们将学习到：

☆倾听的技巧；

☆头脑风暴的能力；

----

1 参见Dr Jane Nelsen. Family Meeting Album [EB/OL]. [2024-01-20]. https://positivediscipline.org/resources/Documents/FREE%20Resources/FamilyMeetingAlbum.pdf.

☆共同解决问题的能力；

☆组织协调的能力；

☆相互尊重；

☆合作；

☆价值感和归属感；

☆责任心；

☆意识到"先处理情绪，再处理问题"的重要性；

☆意识到错误是学习的好机会。

与此同时，家庭会议也为家长们提供了机会，那就是：

☆用互相尊重的方法解决家庭的权力斗争；

☆避免控制孩子，让孩子学会自律；

☆学会倾听孩子的需求，孩子也可以学会倾听；

☆用尊重的方法，让孩子承担自己应有的责任；

☆为家庭成员留下美好的回忆；

☆成为孩子的榜样，让孩子学会你期望的品格；

☆和孩子共创家园，让美好的家庭文化传统得以传承。

2022年底，我们的佛山正面管教EHE在进行"家长互助解决问题"的活动，那时正值疫情高发期。一位家长带来了她的困惑，她的儿子正在上高三，那天一大早，就接到孩子的电话，说是在发高烧，可能感染了新冠。她的先生把儿子接回家中，她负责在家做饭。一开始，这位妈妈有很多困惑和犹豫。孩子生病了，就在隔壁，她只能打电话问候他，感到很担心；看到孩子出门喝水，没戴口罩，她又觉得很紧张。孩子居家隔离，他能感受到妈妈的爱吗？一家人还要隔离，有必要吗？到底该怎么做呢？

面对这个问题，大家头脑风暴提出了各种建议，其中之一就是"家庭会议"。这位妈妈采纳了这个建议，当天下午，她就和先生、儿子一起召开了家庭会议。会议讨论的议题是：家人隔离，我们有什么样的感受？我们各自应该怎么做？妈妈分享了自己担心和犹豫的感受；孩子则说，虽然这两天头痛，很不舒服，但是他在家里感觉很温暖，因为爸爸妈妈都在支持他。

在致谢环节中，孩子说，感谢爸爸去接他回家，感谢妈妈这两天照顾他。听到孩子的感谢，这位妈妈感到很欣慰。她感慨，隔离的过程也是一家人的"特别时光"，真的很特别。

家庭会议的要素："3+3+3"

正面管教家庭会议的结构和要素，可以用"3+3+3"来概括。

1. 三大主要环节

（1）致谢

每位家庭成员要对其他人进行逐一感谢，轮流进行。感谢要提到具体的事件，使用"感谢性鼓励"的句式"谢谢你，因为……"如：爸爸今天接我回家，谢谢您；谢谢妈妈为我们做了晚饭，等等。可以在家里布置一个"致谢墙"，用便利贴的方式，写上自己对家人的感谢。在家庭会议的时候，把这些感谢的话读出来。

（2）讨论会议议题

冰箱上是一个适合收集议题的好地方，拿出一张纸，家庭成员把自己想列入家庭会议议题的事情写下来，用冰箱贴贴在冰箱上，还随时可以进行补充。召开家庭会议的时候，可以按照议题的顺序进行讨论。

生活中遇到要处理的问题时，可以问问当事人："你愿意把这个问题放到家庭会议里去解决吗？"特别是面对兄弟姐妹之间的争斗时，把这个问题放到家庭会议里，本身就留出了"冷静期"的时间。很多问题，到开家庭会议的时候，经过之前的冷静，已经解决了。

（3）家庭娱乐时光

家庭娱乐时光就是家人聚在一起，共同做一件事，比如大家一起吃个甜品，一起户外散步，一起玩"成语接龙"，等等。还可以把"家庭娱乐"作为一次议题，让全家人头脑风暴，会有很多有趣好玩的事情可做的。

重读《正面管教》，我发现"家庭会议"这一章写得最生动，里面有很多简·尼尔森自己家里的故事。简·尼尔森的丈夫还写了一篇文章，将家庭旅行的成功归功于家庭会议。在出发前一个星期，他们已经召开了三次家庭会议，家里洋溢着激动、合作的气氛。旅行中出现了一些小麻烦，因为事前有约定、有预案，问题很快就解决了。他感慨道："我们作为一家人感觉到的亲密无间，是远比夏威夷之旅本身更加美好的体验。"

2．三个角色

（1）主持人

主持人负责宣布会议开始，邀请大家表达感谢，以及其他会议议题、事项的落实。主持人可以由家庭成员轮流担任，除了父母主持，也可以让孩子来主持，这样可以培养孩子的组织管理能力。

（2）记录员

记录员负责做好记录，记录每位家庭成员的感谢，记录每次头脑风暴的情况。可以准备一个专门的笔记本，封面、插图可以让孩子来美化，选一些家庭格言，插入一些家庭照片。制作家庭会议册，有助于让家庭会议成为家庭文化传统。

（3）计时员

计时员负责控制整个会议的时长以及每个人发言的时长。一般来说，家庭会议控制在15～30分钟最好，不要开得太长了。

3. 会议议程事项的三个选择

处理议程上的某个议题时，提出这个议题的人可以从下列三种方式中选择一种来处理该事项（以妈妈提出"如何收拾好玩具"的议题为例）。

（1）提出议题者说出自己的感受，其他人倾听

如果妈妈选择了这个选项，她要和全家人分享自己的感受，其他人不用发言，需要尊重地倾听。妈妈可以描述：孩子玩完玩具之后，没有去收拾，家里被弄得乱七八糟，这让看到这一情景的妈妈感到很烦恼；这样的情况一再出现，让妈妈感到很生气。这个选项可以帮助当事人真诚地表达自己的情绪，家人可以学习理解当事人的感受。

（2）讨论问题而不解决

如果妈妈选择了这个选项，她要先和全家人分享这件事以及自己的感受，然后传递发言棒，让每位家庭成员都有机会对此事发表看法、提供建议，或说"跳过"而不发表看法。

在这个选项中，不需要选择解决方案，大家的任务就是分享

自己的想法。比如，每次只玩一个玩具；在特定的区域玩玩具；以后少买玩具……记录员要记录大家一起头脑风暴出的各种想法。

（3）寻求解决问题的帮助

如果妈妈选择了这个选项，她要在大家头脑风暴提出各种建议之后，把符合"3R1H"[1]原则的建议圈出来，然后再选择一个解决方案，在接下来的一周内去试行。比如选择的方案可能是"每次玩过玩具后，由孩子马上收拾到位，妈妈需要帮忙一起收拾"，接下来的一周大家一起执行。

在家庭会议上，大家可以提出各种问题，并进行三种选择。这种方式可以让家人们畅所欲言，学习共同解决问题的技能。

开好家庭会议的注意事项

1. 定期召开家庭会议

最好每周一次，每周固定一个时间，建立仪式感，让家庭会议成为全家人期待的"特别时光"。如果时间和频率不固定，大家会感到很费心，家庭会议难以坚持的主要原因就在这里。如果让家庭会议成为一种惯例，成为大家生活中的日常，就会产生一种"惯性的力量"。

例如，考虑到时差，我和女儿的家庭会议常常在北京时间每个周四中午12点左右进行，如果这个时间安排不过来，我们会在两天内尽快安排这一周的家庭会议时间。

----

1 3R1H指合理的（reasonable）、相关的（related）、尊重的（respectful）、有帮助的（helpful）。

2. 家庭会议的时长控制

家庭会议一般为30分钟，简单高效，方能坚持。我和女儿的家庭会议通常是15～30分钟，最长不超过一小时，"细水长流"更重要。我的一位朋友阅读了《正面管教》之后，开始了第一次的家庭会议，家人感到很新鲜，积极配合，家庭会议足足开了两个小时。但是，等第二周她再来召集家庭会议的时候，家人都不愿意参加了。

3. 家庭会议从致谢开始

这个环节至关重要，千万不要跳过。致谢是为了营造良好的家庭氛围，也是帮助我们养成"关注优势"的好习惯。每周家庭成员们都要学会去发现其他家庭成员身上的闪光点。每个人被感谢的时候都会很高兴，这正是让家人体验到价值感和归属感的最好机会。

刚开始致谢的时候，如果感到有些难为情，那就多加练习，渐渐习惯后，就会享受到这种爱的流动。

4. 小步前进

家庭会议是正面管教的一个综合性工具，需要做好基础准备，比如倾听、尊重的态度。想尝试家庭会议，可以从简版的家庭会议开始，只有两个环节：致谢和娱乐时光。经过4～8次的简单版家庭会议练习，一两个月之后就可以营造良好的氛围了。

5. 不要把家庭会议开成批斗会

家庭会议是全家人感受爱的地方，不要让家庭会议成为父母的说教时间。良好的关系胜过良好的教育，当亲子关系和谐之后，问题也就越来越少了。

6. 参加家庭会议的适宜年龄

孩子年龄太小的话，不适合进行家庭会议。一般来说，四岁以上的孩子可以参加家庭会议。如果孩子年龄太小，其他成员可以在孩子入睡之后召开家庭会议。

7. 相信过程

长期坚持开家庭会议，可以综合锻炼孩子的各种能力，培养孩子的良好品格和人生技能。我和女儿的故事《30次家庭会议，陪伴女儿穿越至暗时刻》（见附录一）中，不是哪一次或哪几次的家庭会议在起作用，而是整个过程在起作用，相信"静水流深"的力量。

家庭会议也会成为美好的回忆，成为可以传承的家庭文化传统。

家庭会议的常见问题

Q：想开家庭会议，但家人不配合，该怎么办？

A：家庭会议是正面管教的一个综合工具。如果家人还没有准备好，不用急着召开家庭会议。可以先应用其他的正面管教工具，如倾听、认可感受、惯例表、有限的选择、鼓励、特别时光，等等，打好基础，等待时机，自然会"水到渠成"。

2015年春节期间，女儿去美国探望我。我们在波梅兰茨家中进行了第一次家庭会议。当时我趁热打铁，问她是否愿意开始我们家自己的家庭会议时，她却说不用了，我就没有勉强。

我和女儿定期电话沟通，大约半年之后，我提出不妨固定一个通话时间，作为家庭会议时间，女儿同意了。我们陆陆续续进行了几次，由于没有及时做记录，后来也是不了了之。

后来女儿赴美读研，异国求学，她遇到了种种挑战。2019

年6月，她主动提出开家庭会议，我积极响应，并把记录的工作全部承担下来了。从此之后，我们的家庭会议进行得非常顺畅，基本上是每周一次，一直延续到现在。

我们的讲师小米，在自己的小家庭里召开的家庭会议，就是先和孩子开始的，每次致谢环节，即使她先生没有参加，她和孩子也会感谢她的先生，并把会议记录截图发在朋友圈里，先生是可以看到的。一段时间后，她们开家庭会议的时候，先生会坐在一旁看手机。再后来，先生就加入进来了。

Q：家庭会议一定要从致谢开始吗？家人之间还要致谢，不会很尴尬吗？

A：致谢是家庭会议不可或缺的重要环节，千万不要跳过。这个环节能够帮助家人营造温暖和谐的家庭氛围。刚开始家人致谢时多少都会有些尴尬，多加练习就好了。有人觉得致谢不够内敛，但其实我们的传统文化是提倡感恩精神的，所谓"滴水之恩，涌泉相报""谁言寸草心，报得三春晖"。

在一次家庭教育咨询中，来访家长说到他考虑下周在家里开一个"民主生活会"，和妻子、儿子一起开展"批评与自我批评"。不过，他和儿子的亲子关系正处于"僵持"状态，这样的自我批评可能会适得其反。我向他介绍了家庭会议。他得知家庭会议中有一个致谢环节时，忍不住连连感叹："这个好！这个好！"

Q：家有老人，该如何召开家庭会议？要不要邀请他们参加呢？

A：很多人觉得一家人还要开什么家庭会议，太正儿八经了，感到难以接受，而老年人可能就更难接受了。

我们可以先从说服伴侣加入家庭会议开始，等自己的小家庭愿意接受家庭会议了，再邀请老人参加致谢环节和娱乐时光。当全家人对老人的付出表达感谢的时候，老人也会感到很开心，体验到价值感和归属感。

家庭娱乐时光也可以邀请老人参加，全家人聚在一起，一起说说笑话也好，一起吃吃点心也行，做些开心的事，其乐融融，这也是老人希望看到的景象。

Q：家庭会议难以坚持，怎么办？

A：每一次的家庭会议就像涓涓细流，长期坚持，汇聚一起，有助于塑造孩子的良好品格。如果我们重视家庭会议，把家庭会议当成一家人的"特别时光"，孩子和家人也会从我们的态度中感受到这个事情的重要性，感受到其中的仪式感。我们可以先固定一个时间，如每周五晚上，然后根据实际情况，前后微调时间，保证每周一次，每次大约15～30分钟。简单才能坚持，日积月累下来，就会成为习惯。

每周议题可以结合日常生活，丰富有趣，变化多样。比如：家里如何摆设更温馨？周末去哪里玩？怎么调整生活方式，让一家人身体更健康？这一周你觉得最快乐的事情是什么？可以让孩子来做记录、画插画。做个有心人，当你带着越来越多的创意面对生活，生活就会变得越来越有乐趣。

宁可慢，不要停。先完成一个小目标，比如坚持家庭会议30次。如果家庭会议能够开到100次，坚持3~5年，孩子综合能力的提高、家庭氛围的融洽会让你喜出望外的。

Q：家庭会议的决议，为什么一定要"一致同意"？

A：开班会时，由于学生比较多，我们通常采取的原则是"少数服从多数"。但在家庭会议中，我们采用的原则是"一致同意"才可以做出决定。因为，如果家庭会议也采用"少数服从多数"的方式的话，可能会造成更多的矛盾。比如一家三口或四口人，很可能就会出现拉帮结派的现象，或许是父母联合起来对付孩子，或许是孩子鼓动其中一位家长来做他的后盾。这样是不利于培养孩子的良好品格的。所以家庭会议的决定，要求全家人达成共识，一致同意。如果大家暂时还无法达成一致的话，那就留待下次会议再讨论。有的家长会问，如果事情紧急，需要马上做决定，又无法达成一致，该怎么办？这样的情况下，可以等大家冷静下来，再开一次家庭会议。

小练习 　尝试和你的家人召开一次简版的家庭会议，只有两个部分：致谢和家庭娱乐。开始行动吧。

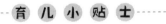

育 儿 小 贴 士

开好家庭会议的"3+3+3"

第一个3，是会议流程的三大环节：致谢、讨论会议议程、家庭娱乐时光。

第二个3，是三个角色：主持人、记录员、计时员，由家人轮流担任。

第三个3，是会议议程事项的三个选择：提出议题者说出自己的感受，其他人倾听；讨论问题而不解决；寻求解决问题的帮助。

我们的家庭会议（第4期）——闲暇时光

时间：北京时间2019年9月23日（周一）上午9:30～10:05（35分钟）

地点：微信语音连线

参加人员：妈妈、女儿

主持人及记录员：妈妈

计时员：女儿

一、致谢

妈妈：感谢你送给我的生日礼物，这么用心的礼物。太惊喜了！太珍贵了！太令人难忘了！

女儿：谢谢老妈，通过你认识了很多人，对我都有帮助。

二、上周方案的跟进（女儿在准备找工作，每周安排了相应的任务）

顺利完成了上周的任务。

三、议题：如何度过闲暇时光？（受女儿启发，妈妈提出，选择了"讨论不解决"的解决方式）

目标：做一个有趣的人。会玩，就是一种核心竞争力。

我们头脑风暴出来的方式有：

1、旅游

2、阅读

3、看电影

4、散步

5、学习新技能、新知识

6、和朋友聊天

7、和朋友吃饭

8、做头发

9、整理房间

10、种花

11、买花

12、看展览

13、逛街

14、超市购物

15、去图书馆

16、和家人在一起

17、听讲座

18、认识新朋友

19、听歌

20、做饭

21、定期按摩

22、发展一个兴趣爱好

23、每年学会一种新技能

......

四、娱乐时光：闲聊

引导孩子自主学习，功夫在哪里

之所以教育是农业，绝不是工业，是因为受教育的人的确跟种子一样，都是有生命的！所谓办教育，最主要的就是给受教育者提供充分的合适条件，让受教育者自己发育，自己成长。

——叶圣陶

"孩子小学四年级了，他每次放学后都拖到很晚才做作业。如果我去催促他，他就更不做了。每次他做作业都是潦草应付，我该怎么做更好呢？"

在我收到的家长们的提问中，提到最多的莫过于孩子的学习问题。孩子学习缺乏动力、孩子写作业拖拉磨蹭、孩子学习不够自觉、没有时间观念等，是很多家长最焦虑的问题。甚至还有过这样的新闻：父母因辅导孩子作业，引起了心肌梗塞，直接进了医院进行抢救！这不是段子，这是真实发生的事情。

我们不妨思考一下：学习究竟是谁的事情？

阿德勒学派有个概念，叫做"课题分离"。在他看来，要想解决好人际关系问题，最重要的就是要区分什么是你的课题、什么是别人的课题。

面对"孩子的学习"这个问题时，阿德勒理论会首先考虑"这是谁的课题"。辨别的方法非常简单，只需要考虑一下"选择所带来的结果最终要由谁来承担？"如果孩子不好好学习，他会受到老师的批评、无法进入好的学校，那么最终的承担者就是孩子。也就是说学习是孩子的课题而不是父母的课题。父母命令孩子学习就是对别人的课题妄加干涉。这样的话，肯定避免不了冲突。

课题分离的总原则就是不去干涉别人的课题，也不让别人干涉自己的课题，每个人负责把自己的事情（课题）做好。那在对待孩子学习这件事情上，父母要负责的课题是什么呢？

古人云："欲学诗，功夫在诗外。"同样地，引导孩子自主学习，也是"功夫在诗外"。也就是说，学习里的功夫，如学习方法、具体学科知识的学习、作业的完成等，主要交给孩子自己去完成；学习外的功夫，如学习理念、学习氛围、学习环境，则需要家长多多引导和塑造。

营造学习氛围，为孩子培养终身受益的学习习惯

父母作为孩子的第一任老师，可以在家庭里营造良好的学习氛围，为孩子培养一些终身受益的学习习惯，比如阅读的习惯、写字的习惯、主动分享的习惯等，为孩子的学习成长打下良好基础。苏联教育家苏霍姆林斯基说过："只有在书籍成为学龄初期儿童最有吸引力的精神需要的地方，才会有学习的愿望，这种愿望才能确立起来。"

开卷有益，如果能培养孩子良好的阅读习惯，是可以让孩子

受益一辈子的。小时候，我就是通过爸爸的书架，了解了很多中国历史故事，沉浸在阅读的喜悦之中。

我有了孩子后，父亲也告诉我，要在家里多摆些书，营造出阅读的氛围。在孕期的后半段，那些辗转难眠的夜晚，我都是手捧一本本经典书籍度过的。这可能算是给女儿在阅读方面的胎教了吧。

女儿还不会说话的时候，我就开始给她讲故事。她在三四岁就可以独立看一些绘本故事了。女儿读幼儿园的时候，我就带她到图书馆去，让她学着借书、还书，去感受阅读氛围。那时，我们生活的城市有一条街全是书店，我们定期会去那里买书。

后来，我读到一本很热门的育儿书籍《好妈妈胜过好老师》，书中让我印象最深刻的就是要培养孩子的阅读习惯。女儿上初中的时候，我们开始网上购书了。每年寒暑假，我会通过网络搜索，做大量功课，然后买上一大箱书籍回来，不管她看不看，反正我可以看。

女儿上大学的时候，我把对自己影响很大的一些书籍，如《十四堂人生创意课》《你的生命有什么可能》《高效能人士的七个习惯》等，特意打包寄给了她。

女儿在美国读研究生时，第一个学期是在家中通过网络学习。看着她在繁忙的理工课程学习中，还利用闲暇时间看长篇小说《基督山伯爵》，每天看那么一点点，我觉得那一幕挺动人的。

我们的正面管教讲师黄瑛也很喜欢阅读，她和儿子的"特别时光"就是每周去一次书店或图书馆，佛山有特色的书店都被他们走遍了。在黄瑛老师的长期熏陶下，她的儿子"青出于蓝而胜于蓝"，阅读量很大，小小年纪"上知天文，下知地理"，经常出一些考题，把我们给难倒。

女儿在初中的时候，爱上了练字，每次练字的时候她都很享受。有一天，女儿突然问我："妈妈，是不是有种说法，叫'字如其人'？"我说："是啊。"女儿想了想，又说："那是不是也可以说'人如其字'？如果一个人的字越写越好了，他的人生是不是也就越来越美好了？"女儿的说法，让我顿生感慨。的确，一个人要写好字，需要认真，需要坚持，这样的态度和努力，自然会带来生命的美好。也许我们不能像书法家那样挥洒自如地写字，但可以从基本功做起，养成书写工整的习惯。

可以说，经典书籍是性价比最高的学习投资了。通过学校、通过网络，我们参考了一些"小学生必读书目""中学生必读书目"，购买一部分、借阅一部分，放在家里，自己看一看、读一读，也带动孩子去阅读。如果孩子喜欢阅读，就会爱上学习的。

从其他兴趣入手，顺势引导，满足孩子的价值感和归属感

对孩子的课题放手，不是不管孩子，而是要尊重孩子，赢得孩子的合作。如果孩子不喜欢学习，做父母的并不是要置之不理，任其"自生自灭"，但也不能强迫孩子。最好的教育方式是引导孩子，挖掘孩子的潜能。兴趣是最好的老师，能让孩子自己爱上学习。国外有这样的谚语："把马带到水边，但不强迫它喝水。"把马带到水边，是你的课题；马是否喝水，是马的课题。孩子愿不愿意学习，是孩子的课题；支持孩子、陪伴孩子、鼓励孩子，则是你的课题。

我的一位朋友是正面管教讲师，她的女儿读高中时，她发现女儿凭文化课成绩考上大学比较困难，于是她们开始思考是否可以走"艺考"的道路。朋友发现女儿的作文比较好，通过多方了解，得知孩子可以通过艺考选择电视编导专业。这时，一条康庄大道呈现在她们的面前，朋友的女儿感到眼前一亮，充满信心。为此，朋友和女儿进行了一次促膝长谈，告诉她，目前来看，选择艺考的确是一条捷径，但从长远来看，这次专业选择决定着人生的走向。她希望女儿是真心喜欢电视编导这个专业而做的选择，而不是为了考上大学而去学编导。不然将来考上大学后，即便一时开心，最终也会后悔的。于是，她和女儿一起考察，还把相关的专业人士介绍给女儿，母女都对编导专业有了更多的了解和认识。女儿越来越对编导这个专业感兴趣，在专业学习上表现得越来越突出，也信心满满地投入到文化课程的学习，高考时如愿以偿，考上了理想的大学，后来还出国留学，继续在这个专业里深造，现在已是一位大学老师，教授编导课程。

　　从行为的冰山模型来看，孩子不爱学习、写作业拖拉等问题，就好比冰山一角，隐藏在海平面之下的大部分冰山就是"一个人的价值感和归属感"。这意味着，孩子表现出来的问题，从根本上说，是孩子的价值感和归属感没有得到满足的一种体现。当价值感和归属感得到满足的时候，孩子的学习问题就会减少，学习成绩也会相应提升。

　　我在山东教授正面管教课程时，有位学员分享了正面管教带给她的改变，让我印象深刻。她说，她之前送女儿上各种补习班，但女儿学习成绩依然不理想。特别是初三开始的时候，第一次测试，女儿考试得了全班倒数第九名，让她深受打击。她心想，上了这么多的补习班都不管用，真的得换换方法了。那时，她参加了正面管教家长工作坊的学习，索性就把一些补习班停掉了，尝试用正面管教中的"特别时光"，每个周末和女儿出去吃一次饭，找各种好吃的餐馆，然后和女儿聊聊天，让女儿感受到妈妈的爱，感受到在家庭中的归属感。一年下来，女儿的成绩竟然出其不意地得到了大幅度提升，中考时考到班级中的前几名，让妈妈大感惊讶。

更新学习理念：终身学习

关于终身学习、终身成长，很多人可能有这种意识，但真正行动起来的人并不多。不妨来看看我们家的故事吧。

前些年读到《郑渊洁的家庭教育课》，他对学霸的看法令人耳目一新，我不禁想起了我们家的学霸。

郑渊洁在这本书中提出，学霸有三种。第一种学霸是在学校里考试成绩极其出色的学生；第二种学霸是自学的学霸；第三种是双料学霸，在学校考试成绩优异，离开学校后依然保持强烈的自学意愿和强大的自学能力。

人们平时理解的学霸就是第一种学霸，我的妈妈就是这种类型。从开始记事起，我就知道妈妈身为学霸的光荣历史。妈妈是20世纪60年代初的大学生，也是村里第一位大学生，可谓是"方圆几十公里飞出来的一只金凤凰"，在当地轰动一时。

妈妈是工科生，她的数理化成绩应该是很棒的，在大学里也是学习标兵。但我也慢慢发现，她在大学毕业后，几乎没有再读其他领域的书了。

和妈妈相比，爸爸的文凭根本不值得一提，高小毕业去参军，在部队里读了一个中专级别的军校。不过你可不要小看我的爸爸，爸爸妈妈开始谈恋爱的时候，爸爸已经是团里最年轻的营级干部了。爸爸初到部队时，给连长做通讯员，连长让他每天对着报纸看新闻，并试着自己重写新闻。此外，他还每天自觉练字。就是凭着这样的自学精神，他考上了军校。

爸爸很喜欢唐诗宋词，家里的文学和历史书籍都是爸爸买来的。作为单位里的思想工作者，爸爸的发言稿都是自己写的，他引经据典，出口成章，甚至还会引用唐诗名句来给别人做思想工作。

爸爸退休后，还自学了穴位按摩，家人有些小病小痛时，他都可以手到病除。大约十几年前，村里修家谱，爸爸当场赋诗一首，就连妈妈都赞叹不已："老蒋，你真的有才！"妈妈也很感慨，大学毕业后，她都没有怎么看书了，而爸爸虽然文化起点低，但一直在学习。

你已经看出来了吧？我的妈妈就是传说中的学霸，很了不起，不过，爸爸才是真正的学霸，更了不起！因此，我在教育女儿的过程中，把目光放得更远，常常和女儿说："学习不只是考大学那一时的事情，学习是一辈子的事，要养成终身学习的好习惯。"

大学毕业九年之后，女儿三岁半的时候，我再次走进了大学的殿堂，攻读发展与教育心理学专业的研究生。女儿小学二年级的时候，我又考上了应用心理学专业的博士。在心理学专业停招之后，我来到经济管理学院工作，不仅教学生心理学，还要教组织行为学，经济学和管理学的相关专业课程都是我自学的。

在自学过程中，我读了管理学大师彼得·德鲁克的很多著作，他说他每隔五年都会重新学习一个新的领域。我希望向他学习，不断提升自己的认知水平。也许这有很大的难度，但我愿意朝着这个方向努力。

我们可以给自己制订一些计划，如：每年读30本书籍、看20部电影，学会一两种新技能，每年外出旅行几次，定期和不同的朋友见面，等等。身为父母，我们终身学习的姿态就是孩子最好的榜样。

小
练
习

育儿先育己，为了帮助孩子好好学习，你愿意开启你的终身学习计划和行动吗？

父母要做终身学习的榜样

1. 把家庭教育视为终身教育的一部分，系统学习家庭教育知识，既可以教育孩子，也是父母自我成长的一个重要方式。

2. 结合自己的工作进行终身学习。在职业发展上，不断突破瓶颈，也可以有更广阔的视野来引导孩子。

3. 结合自己的兴趣爱好进行终身学习。每年至少学习一种新技能，如做美食、种花、游泳、剪辑视频、演讲，等等。父母蓬勃的人生状态，就是孩子最好的榜样。

如何引导孩子合理使用电子产品

> 在屏幕时间方面，我们作出的榜样比我们说出的话更重要。
>
> ——查普曼、佩利肯《屏幕时代的养育》

在家长工作坊中，让家长们进行头脑风暴，列举可能遇到的育儿挑战时，"孩子沉迷电子产品"这一选项，总是赫然在列，怎么都绕不过去。有的家长抱怨孩子总是在玩电子游戏，想和他沟通都没办法；有的家长说，孩子原本学习成绩不错，沉迷电子游戏后不听劝告，结果荒废了学业，令人惋惜；有的家庭里，为了电子产品的使用问题，父母和孩子大打出手，剪网线、摔手机，各种围追堵截，还是无法改变孩子沉迷电子游戏的坏习惯。

为了引导孩子合理使用电子产品，让电子产品成为帮助孩子成长的工具，正面管教有哪些方法和工具呢？

电子产品是把双刃剑

我们生活在一个电子产品无处不在的时代，电子产品是一把双刃剑，一方面给我们的生活带来了便利，另一方面也带来了很多弊端。

说起电子产品的弊端，家长们可以一口气列举出很多。如导致孩子视力下降、专注力下降、对学习缺乏兴趣、影响睡眠、与人交流的时间减少、户外活动减少，等等。有关研究还发现，过度使用电子产品，会使孩子的大脑皮层过早变薄（一般来说，这通常是60岁左右才出现的）。看到这里，你是不是感到特别震惊？

依靠电子产品，我们可以随时随地进行越洋交流，可以方便快捷地在网上购物，可以导航不迷路，可以利用大量的网络学习资源……电子产品大大提高了我们的工作效率，丰富了我们的娱乐生活，扩大了视野。

电子产品有利有弊，电子产品本身不是洪水猛兽，我们要学会做电子产品的主人，而不是沦为电子产品的奴隶。

合理使用电子产品的参考标准

在我们的家长工作坊里，如果问起一个问题："你的家庭生活，是被科技提升了，还是被摧毁了？"很多家长都感慨：被摧毁了。

如何才算合理使用电子产品呢？

关于电子屏幕使用时间的规定，可以参考三个不同组织给出的标准，分别是世界卫生组织、中国的国家卫生健康委员会和美国儿科学会。综合起来，大体可以归纳为以下10条。

（1）2岁以下的幼儿，尽量不要接触任何电子屏幕，父母应帮助他们选择促进大脑健康发育的互动活动，如谈话、玩耍、唱歌或亲子阅读。

（2）2~5岁的儿童，每天接触电子屏幕的时间不要超过1小时。每次暴露于屏幕前的时间不可超过15分钟，使用电子屏幕的时间间隔要在10分钟以上。父母要特别关注电子产品的内容，使其有教育性，也要和孩子一起观看和讨论，帮助他们更好地理解内容。

（3）5~8岁的孩子，每天使用电子产品、观看屏幕的时间不要超过1.5小时。除了使用内容外，父母还应该关注孩子对电子产品的使用习惯，让孩子固定时间使用电子产品，而不是想用就用。

（4）9~12岁的孩子，每天使用电子产品、观看屏幕的时间不要超过1.5小时。父母要确保孩子在网上获取的信息是健康的。利用娱乐媒体中有争议的话题（价值观、暴力、性、毒品），发起家庭讨论。

（5）把电子产品放在公共区域，不要在孩子的卧室放电脑或电视。

（6）支持学校媒体教育工作。

（7）鼓励孩子进行多种娱乐活动，包括阅读、运动、爱好和创造性的游戏。

（8）在家里建立无屏幕区。每天保证一段"不插电"的家庭欢乐时间。

（9）在儿童进餐时或睡前一个小时内，不要让孩子观看屏幕设备。

（10）制定全面的家庭媒体使用计划，涵盖互联网、社交媒体、手机和短信。

这是一个很好的参考，特别是那些在电子屏幕使用时间上感到挑战重重的家庭，可以将上述建议作为管理孩子合理使用电子产品的指南。尽管实践起来并不容易，但毕竟是一个很好的起点。在这里，需要特别注意的还有两点。

第一，家庭媒体使用计划。美国儿科学会关于屏幕时间的最新版建议，专门强调了一个概念叫家庭媒体使用计划（family media plan），也就是说，如何使用电子产品，需要全家一起制订计划。

第二，小心！不要把电子产品当成"电子保姆"。你可能也注意到了，很多家长在排队、等餐、看病或和其他成人聊天时，会主动拿出电子产品来安抚孩子，孩子就这样在不知不觉中养成了对电子产品的依赖。

应用正面管教工具，架起电子产品和亲子关系的桥梁

本杰明·富兰克林说过："一盎司的预防比一磅的治疗更值钱。"预防胜于治疗，对于如何避免孩子沉迷电子产品的问题，这句话可谓一语中的。

正面管教的底层逻辑就是，营造和谐的亲子关系，孩子能够用正确的方式获得价值感和归属感，沉迷电子产品等不良行为就会逐步减少。当亲子关系融洽的时候，孩子也更愿意听你提出的这些合理使用电子产品的参考指南，和你一起制订电子产品使用的协议。

1. 建立情感连接

引导孩子合理使用电子产品，重中之重就是和孩子建立情感连接，建立心灵纽带。

（1）打造和孩子的"特别时光"

父母各自专门辟出时间，和每个孩子单独度过"特别时光"，让孩子感受到爱。这个时候要关掉电子产品，给这个孩子全部的注意力，让他知道你愿意花时间专门陪伴他。

简·尼尔森和她的女儿是这样做的：每个星期选择一天的某个时间，作为陪孩子的时间，时长可以控制在半个小时到一个小时之间，这就是属于两个人的"特别时光"。

有一次，在"特别时光"的时段内，有人打来电话，简·尼尔森故意很夸张地接起了电话，有礼貌地说："你好，现在是属于我和玛丽的特别时光，希望你不要打扰，谢谢。"这让她的女儿感受到了极大的尊重。

（2）倾听

我们愿意倾听孩子时，孩子才会愿意倾听我们，这是一个黄金法则。但是在日常生活中，我们常常用说教、唠叨、责骂代替亲子沟通。

如何学会倾听？有一个简单易行的soften原则，分享给大家。s代表smile，要面带微笑；o代表open，要有开放的心态和姿势，怀着一颗好奇的心去听孩子诉说；f代表forward，当我们倾听别人的时候，身体是不由自主向前的；t代表tune，注意你说话的音调，轻声细语，让人如沐春风；e代表eye，和孩子交流时，注视孩子，用眼神与孩子交流；n代表nod，当我们真的在倾听的时候，会不由自主地点头。

（3）每天安排"不插电"的家庭时间

在家里设置无屏幕区域，每天安排不需要使用电子产品的家庭时间，至少半小时。在这个时间段，家里的每位成员都将电子产品切断电源，可以用一个篮子把大家的手机和iPad统一装起来，美其名曰"养机场"，或者取个别的好玩的名字。在这个时间段，可以安排家人一起阅读、聊天、玩传统的棋牌游戏，也可以和孩子一起头脑风暴，看看适合安排哪些活动。

2. 和孩子约定电子屏幕使用时间

和孩子一起制订规则，孩子会更愿意执行。那如何和孩子达成约定？

（1）友好讨论。允许每个人表达对这件事的想法和感受。孩子可能会说，他（她）因为不会玩某个游戏，感到和同学格格不入；家长可以表达对孩子过度使用电子产品的顾虑和担心。

（2）头脑风暴。提出可能的解决方案，从中选择自己和孩子都赞同的方案。头脑风暴就是不评判、不指责，尽可能多地表达自己的想法，再离谱的想法都可以表达出来。然后选择家长和孩子一致同意的方案。如果无法达成一致，就先把这个问题搁置起来，换个时间再来解决。

（3）时间设置。允许设定一个具体的时间期限（精确到分钟），如玩电子产品30分钟。我有位正面管教讲师朋友，她的孩子当时4岁左右，他们约定了每次玩手机小游戏10分钟。有一次，我们正在聊天，孩子要拿她的手机玩游戏，她对孩子说可以，随即上了10分钟的闹钟。闹钟铃响起的时候，尽管孩子有些不舍，但没有闹情绪，主动把手机交给妈妈，并很快就开始玩其他的东西了。看到这一幕，我感到很吃惊。

3. 有效跟进

和孩子达成约定，并不意味着万事大吉了。不能指望孩子会自动地按照已有的约定去执行。要做好心理准备，理解孩子，知道他们可能无法完成之前共同的约定。成人也有这样的情况，何况孩子？但是，父母还是要按事先的约定去跟进，这是家长应负的责任，也是培养孩子人生技能的重要契机。

有效跟进的策略有：

（1）和善与坚定并行。如"我很爱你，但现在不是使用iPad的时间""我注意到你玩手机的时间到了，把手机交给我好吗？"

（2）有限的选择。如"看电视的时间已经到了，是你关电视还是我来关？"

（3）使用无言的信号。如果孩子拒绝，可以先不说话，使用无言语的交流——指指你的手表，会心一笑，拥抱，再次指指你的手表。

（4）表达感谢。当孩子做出让步，去遵守约定时，即使他不是心甘情愿，也要表达出对孩子的感谢：谢谢你遵守我们的约定。

父母在有效跟进时，要注意避免这样的陷阱：

（1）指责评判。如"我就知道你说话不算话""每次你都是这样耍赖"。

（2）事先没有约定。关于电子产品的使用，很多家庭并没有事先达成约定，常常是父母随性地管理。父母心情好的时候，孩子多玩一会儿也没关系；父母心情不好的时候，就会借题发挥："你玩游戏都玩一整天了，太不像话了""要是你写作业有打游戏这个劲头就好了"。不以规矩，不能成方圆，和孩子事先达成约定，很重要。

（3）情绪失控。父母一看到孩子不遵守约定就发飙，没有尊重孩子，也没有尊重自己。

孩子已经沉迷电子产品，该怎么办？

1. 理解孩子行为背后的信念，破解密码

根据行为的冰山模型，孩子沉迷电子产品这种行为是露在水面的冰山一角，真正潜在海中的信息是孩子内心深处的需求，对价值感和归属感的需求。孩子沉迷电子产品，一定是这个家庭系统发生了问题，孩子出于对价值感和归属感的需求选择了错误的表达方式。唯有了解孩子行为背后的信念，破解密码，才能从根本上解决孩子沉迷电子产品的问题，否则只是"头痛医头，脚痛医脚"。

我的一位学员，家中曾遭受一场很大的变故，那时她儿子读高二，沉迷电子游戏，晚上玩游戏，白天打瞌睡，日夜颠倒，随时面临着被学校开除的危险。她的亲戚朋友都埋怨这个孩子不争气，她气得把家里的网线都剪了，可儿子还是跑到外面的便利店旁边蹲在地上蹭网打游戏。

孩子沉迷网络，其实是内心痛苦的表现，我建议她去看看"错误目的表"，读懂孩子行为背后的密码，去理解孩子；同时也和她分析孩子目前的学习状况，让她放下对孩子过高的期待，引导孩子学会一技之长、自食其力更为重要。知道她喜欢看书，我建议她好好阅读《十几岁孩子的正面管教》，走近孩子的内心。

她说，在她困难重重的时候，会把我发给她的微信语音留言保存下来反复听，从中获得启发和能量。慢慢地，她和儿子的关系有了很大的改善。几年来，我也一直关注他们的动态。今年过年的时候，她告诉我，她和儿子都换了一份新的工作，他们感到很满意。通过正面管教，我对这样的家庭产生了实实在在的影响，心里感到特别欣慰，这真是一份特别的新年礼物。正如印度诗人泰戈尔在《用生命影响生命》一诗中写道："把自己活成一道光，因为你不知道，谁会借着你的光，走出了黑暗。"

2. 控制你的行为

国际调研机构eMarketer报告显示：2018年中国成年人平均每天在移动设备上花费2小时39分钟，这个数字比2017年增长了11%。世界卫生组织因此提醒：用手机社交、网购、游戏都会上瘾，过度使用电子产品将严重危害中国人的身心健康。

孩子沉迷电子产品，不妨从父母身上找原因。我注意到，有些家长送孩子去上学时，他们自己就是一路盯着手机的（特别是爸爸），孩子在后面百无聊赖。你想想，孩子将来长大后，能很好地管理电子产品吗？相关研究表明：如果父母有手机依赖行为，则其子女手机依赖的比例几乎翻倍。因此，要想引导孩子合理使用电子产品，父母的以身作则尤为重要。

在中国儿童中心进行的一场家长讲座中，有位家长提问说，她的儿子五岁了，沉迷电子游戏怎么办？我问她自己在家使用电子产品的情况，她说，由于工作关系，她常常在家加班，现在的工作都是要用电脑、手机的，没办法避免。人类潜能导师、《高效能人士的七个习惯》作者史蒂芬·科维发现，刺激和反应之间存在着巨大的空间。作为一个人，永远拥有选择的权利。因此，面对在家加班的情况，我们其实有很多选择。如：加强时间管理，妥善安排好自己的工作，尽量不把工作带回家；即使要在家加班，也尽量不在孩子面前使用手机和电脑，可以安排孩子早点睡觉后再加班；若不得不当着孩子的面工作，就真诚地告诉孩子，爸爸（妈妈）现在必须使用手机或电脑处理工作，一旦工作结束，马上放下手机或关闭电脑，用更多的时间陪伴孩子阅读、玩耍或户外活动。

为人父母，我们就多了一份责任。当我们想办法做出一些调整，尽量放下电子产品时，就是在为孩子的成长树立榜样。

3. 纠正前先连接

孩子沉迷电子游戏，从某种意义上说，也意味着亲子关系出现了问题。因此，当务之急就是和孩子重建关系。当父母意识到自己在孩子沉迷电子产品这个问题中负有的责任时，就是父母改变成长的契机。

正面管教有个工具是"从错误中恢复关系的3R"，指的是：

第一个R是recognize（承认），承认自己犯了一个错误。

第二个R是reconcile（和好），我为此而道歉。

第三个R是resolve（解决问题），如何来解决问题？

女儿刚读初三的时候，我感觉到她的状态有些不对劲。那时她在校寄宿，周末回家。眼看都要中考了，她周末却在家睡懒觉，一连好几周都是如此。我看在眼里，急在心里。有一天，我早上锻炼回来，买好了早餐，看到她一醒来就在网上"冲浪"，在电脑前搜索这个、搜索那个。虽说不是玩游戏，但我还是气不打一处来。我压住怒火，喊她吃早餐，可她却拿起面包坐到电脑前边吃边玩。我更生气了，说"不许这样"，并强行关上电脑。她气鼓鼓地跑到客厅，打开电视，边吃边看电视。我说这样不行，要安心吃早餐。她索性把面包丢在一旁不吃了，躺回床上睡觉。我火冒三丈，两人大吵了一通。

也许是我们平时的情感连接还比较好，女儿也感受到了我的苦心，这场"战争"慢慢地平息了。经过这件事，我意识到把电脑放在女儿的房间，本身就是不合适的；另外，因为之前我看到女儿用电脑算是有分寸，所以从来没有给电脑设置过密码，我们在网络使用方面也从来没有任何约定。我承认自己犯了个错误，并为刚才自己的不理智行为向女儿道歉。我们达成了和解，然后一起商量要如何解决问题。我们商议的结果是，我给电脑设置密码，女儿需要我的许可才能打开电脑使用。女儿每个周末回家可以使用网络两个小时。这两个小时可以分两天使用，也可以一次性使用，具体次数由女儿决定。后来，我们按照这个协议执行下来，大家都感到很开心。

父母应该和孩子重新建立情感连接，约定屏幕时间，并有效地进行跟进。如果孩子沉迷电子产品已有半年以上，就要寻找专业的帮助和治疗了。手机上瘾是一种心理问题，不能掉以轻心。

小练习 对照合理使用电子产品的一些标准，你和孩子之间存在使用电子产品的挑战吗？你可以从哪些方面做出调整？

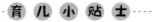

育 儿 小 贴 士

合理使用电子产品

1. 父母以身作则，合理使用电子产品，为孩子做榜样。

2. 不要让电子产品成为孩子的"电子保姆"。

3. 使用"特别时光"，每天安排"不插电"的家庭时间，和孩子建立情感连接。

4. 唯有了解孩子行为背后的信念，破解密码，才能从根本上解决孩子沉迷电子产品的问题。

多子女时代，如何处理孩子之间的争斗

"天哪，他们又吵起来了！"在一次家长互助环节中，一位家长志愿者带来了她的育儿难题。让她用"头条新闻标题"的方式概括她的问题，她就用了这样的一句话。通过详细的情景描述，她回忆道，她女儿每天起床都比弟弟早一些，然后就会跑到弟弟的房间去弄醒他。弟弟被姐姐吵醒很生气，就会挥舞着拳头劈头盖脸地去打姐姐，虽然姐姐12岁了，弟弟才8岁，但弟弟愤怒中的拳头也是很厉害的。妈妈想到弟弟还没有睡醒却被吵醒的滋味，为他感到不好受，就会去责备姐姐。姐姐则会埋怨妈妈总是偏心弟弟，感到很委屈。这样的"家庭大战"几乎天天都会上演，家里没有一天不是硝烟弥漫的，妈妈为此很抓狂。

这样的兄弟姐妹争斗，在多子女的家庭里简直就是"家常便饭"！

养育多个子女，父母面临的最大挑战就是兄弟姐妹之间的争斗，或者说是争宠，每个孩子都想争夺父母给予的爱。父母对此往往深感焦虑和矛盾，毕竟"手心手背都是肉"啊！帮了这个，就会委屈另一个，真是两头为难！

多子女家庭，如何处理孩子之间的争斗？掌握"出生顺序"的知识是关键。

出生顺序的重要性

阿德勒认为，一个人的人格是在人生最初的几年里形成的，因此，早期生活经历和父母的教育方式至关重要。

阿德勒注重整个家庭的结构和互动，他不仅重视亲子关系对人格的影响，也重视手足关系对人格的影响，强调"出生顺序"的重要性。每个孩子出生后，家庭的结构会随之发生变化，夫妻的两人世界变成了三口之家、四口之家，或者有更多家庭成员。每个孩子的到来都会让每个家庭成员之间的关系产生变化，这些互动影响着每个人的行为。

我们之前提到过行为的冰山模型，看得见摸得着的行为只是露在冰山上的一角，隐藏在冰山之下的是我们的信念、价值感和归属感。出生排行相同的人，尽管生活在不同的家庭里，却表现出类似的性格特征；而生活在同一个家庭的兄弟姐妹，由于出生排行不同，可能表现出不同的性格特点。也就是说，相同出生顺序的人，往往有一些相同的性格特征，他们心中的信念和内心需求有相似的部分。

理解不同出生顺序对孩子的影响

我们按照不同的出生顺序把孩子分为四种类型：老大、排行中间的孩子、老小、独生子女。

（1）老大。家中的第一个孩子，往往都会寄托着父母非常殷切的期望。在他们身上所表现出的性格特征可能有：完美主义、责任感、担当、独立、领导力、顾全大局、保守、循规蹈矩，等等。完美主义是他们的特点，可以说追求完美是他们的优点，而过于追求完美，则是他们的缺点。他们可能会有一个错误的信念：只有做到最好，我才是有价值的，我才是有归属感的。因为他是第一个孩子，可以说是曾经得到了家庭的万般宠爱，但随着家中第二个孩子的到来，老大会有种失落感，按照阿德勒的说法，老大是"被推下宝座的孩子"。

（2）排行中间的孩子，指的是出生顺序排行在中间位置的孩子，比如三个孩子中的老二，四个孩子中的老二、老三，五个孩子中的老二、老三、老四。他们有什么样的性格特点呢？他们往往比较随和，好相处，也有一部分会很叛逆。据相关调查，在2/3的家庭里，排行中间的孩子往往是容易被忽视的。所以他们渴望通过一些与众不同的方式来表现自己。他们的错误信念往往是：我要和兄弟姐妹不同，才能够证明我的价值感和归属感。比如，面对学习成绩好、会读书的老大和老小，老二会感到很有压力，他可能希望另辟蹊径：长大后经商，多赚钱。

（3）老小。家中年龄最小的孩子，往往是最受宠爱的。民间有句俗语："皇帝爱长子，百姓爱幺儿。"父母可能会特别疼爱最小的孩子，哥哥姐姐也会特别照顾和关爱他（她）。

老小的性格特点会是：娇惯、有魅力、富有创造性、爱玩。他们大多表现出两种可能：一是被娇惯，形成错误的信念："唯有我是被服务的，别人围着我团团转的时候，我才会有价值感和归属感。"另一种可能是，老小在家庭中获得了相对好的资源，他可能成为一个赶超者，表现得比哥哥姐姐都更为突出，甚至成为全家的栋梁。

（4）独生子女。独生子女既是老大，也是老小，他们身上可能兼有两者的特征。他们是家中唯一的孩子，往往很独立，也很受宠。他们往往习惯独处，同时又害怕孤独。对他们来说，最重要的是"独一无二"。

正面管教有一个体验式活动叫"出生顺序"，根据大家的出生排行进行分组讨论，头脑风暴，让他们总结某种出生顺序的孩子共有的性格特征。每每其中一人说出某个性格特征时，同组的其他人都仿佛找到了知音，很有共鸣，连呼"太像了"。接下来每个小组写出一个可以代表他们性格特点的座右铭来，比如：

老大："负责任的老大，受委屈的老大"。

中间的孩子："我会加倍努力的"。

老小："我最可爱""我享有特权"。

独生子女："我是独一无二的"。

了解出生顺序的知识，不是为了给孩子贴标签，而是为了更加理解他们，真正走进他们的内心，根据孩子的特点来鼓励他们。比如，对于老大，他们对自己的要求已经很高了，作为父母，就不要去加压了，如果总是要求他们成为弟弟妹妹的榜样，他们会感到压力很大，要鼓励他们成为自己；对于排行中间的孩子，要多一些关注，不要忽略了他们；对于老小，要鼓励他们做一些力所能及的事情，不要让全家人都为他服务；对于独生子女，要鼓励他们走出去和别人打交道，学会与人相处，与人合作。

应对孩子争斗的有效策略和方法

家庭里有多个孩子，难免会打打闹闹，一般来说，大的孩子不喜欢和小的玩，小的孩子却总缠着大的一起玩，兄弟姐妹的这种纷争就来了，父母该如何处理呢？

1. 给每个孩子专属的"特别时光"

多子女的家庭，父母要给不同的孩子专属的"特别时光"。孩子年龄、性别和兴趣等不同，他们期待的"特别时光"是不一样的。当孩子和父亲或母亲单独在一起，享受"特别时光"的时候，会明确地体会到来自父母的爱，"情绪爱箱"被装得满满的，因此变得心平气和，就不那么容易和兄弟姐妹发生摩擦或争斗。

二胎到来时，要照顾老大的感受。父母在手忙脚乱地照顾幼儿吃喝拉撒的时候，可能会忽略家中的老大，有些老大甚至会因此出现一些倒退行为。曾有位家长学员来咨询，说孩子已经五岁了，以前不尿床的，最近却开始尿床了，该怎么办？我与她沟通下来，得知她最近刚刚生了二胎不久，我告诉她，一定要抽出时间来和老大过"特别时光"，让孩子感受到爱。她听从了我的建议，后来老大尿床的现象就渐渐地消失了。

2. 营造合作的氛围

形容兄弟姐妹关系的成语既有"手足情深"，也有"兄弟反目"，也就是说，血脉相连的兄弟姐妹不一定都是相亲相爱、相互扶持的。曾国藩曾说过："兄弟和，虽穷氓小户必兴，兄弟不和，虽世家宦族必败。"意思是说，兄弟和睦的话，即便是穷困的小户人家也会兴旺；兄弟不和的话，即便是世代官宦的人家也必然败落。

兄弟姐妹之间是否能够和睦相处，往往和父母的养育方式有很大的关联。在家庭中营造合作而不是竞争的氛围，这是父母的责任。在有些家庭中，父母常常喜欢"作比较"："你就不能像你姐姐一样，让我省点心？""你是哥哥，就该让着弟弟。"家庭里的合作，是孩子未来走进社会合作的起点，父母可以引导孩子："你可以用你的方式分享玩具""我们开家庭会议，看看有哪些家务活可以来认领"。

此外，父母还可以邀请大的孩子参与到照顾小孩子的工作中，让他感受到价值感和归属感。有一次，在一个"家长帮助家长"的环节中，志愿者带来了她的育儿烦恼。她有两个女儿，大女儿七岁，小女儿一岁。吃饭的时候，大女儿喜欢喂妹妹吃东西，有时喂的食物不适合小孩吃，家长看在眼里，感到很危险，心都要提到嗓子眼里了，常常因此斥责大女儿，让她不要喂妹妹了，大女儿感到很委屈、很伤心。在大家头脑风暴提建议的时候，我们提出了很多方法，志愿者选择了我的建议——父母事先为小女儿准备好食物，然后邀请大女儿去喂妹妹。事后志愿者反馈：用了这个方法后，问题得到了圆满解决，皆大欢喜！

3. **孩子争斗时，父母选择"不介入"**

当孩子发生争斗时，父母不要去充当"裁判"，无论你站在哪一方，另一方的孩子都会感到委屈。很多父母认为"大的就应该让小的"，喜欢责怪年龄大的孩子，埋怨说："你是哥哥/姐姐，你要让着弟弟妹妹。"父母的介入很容易给其中的一个孩子贴上"欺凌者"的标签，另一个孩子则学会了成为"受害者"而得到父母特别的关爱。父母通常看不到所谓的"受害者"是如何挑起"战争"的，也可能意识不到，他们的介入让事态发展得更为严重，他们原本希望家庭里和和睦睦，结果事与愿违，兄弟姐妹大打出手。

你有没有发现，一旦父母参与进来，孩子的争斗有可能会愈演愈烈，如果没有了父母的"介入"，缺少了"观众"，孩子争斗过后反而会慢慢停息下来？当然，不介入和放任不管并不是一回事，在确保孩子安全的情况下，父母尽量不要介入孩子们的争斗。

我家里有三姐弟，我是老大，弟弟是老二，妹妹是老小。我们的爸爸妈妈还是比较民主的，疼爱每个孩子。尽管我们也是在打打闹闹中成长的，但姊妹之间的感情还是很深厚。妹妹读高中的时候，仿照苏轼写给弟弟苏辙的一句话"愿世世代代为兄弟"给我写了张明信片："愿世世代代为姐妹"。

4. 引导孩子正确地面对争斗

现实生活中，竞争是无处不在、不可避免的。同伴冲突对儿童心理发展具有积极的作用，引导孩子正确面对兄弟姐妹之间的争斗，学会合作，也是为孩子将来走向社会与人合作打好坚实的基础。正面管教有很多工具可以有效地处理兄弟姐妹之间的争斗，如启发式提问、选择轮、专注于解决方案、家庭会议，等等。比如，当孩子们冲突结束冷静下来之后，可以通过启发式提问，分别问问孩子："刚才发生了什么事？""你当时的感受和想法是怎样的？""怎样才能避免这种争斗的发生？""从这个事情当中，你学到了什么？"

此外，父母也可以使用头脑风暴的方式和孩子一起解决问题。有位讲师朋友家里有两个孩子，妹妹总是来打扰哥哥，哥哥感到烦躁，有时会动手打妹妹。在实践打卡的时候，她分享道，她和哥哥一起进行了头脑风暴："下一次，妹妹来打扰你做事的时候，怎么才能做到不动粗？我们怎么做会更好呢？"

他们头脑风暴出来的清单有：

☆交给妹妹一个任务。

☆转移注意力。

☆先安抚妹妹，事情稍后完成。

☆请妹妹帮助，让妹妹参与。

☆为妹妹准备一个可以玩很久的东西，让她在一旁玩。

☆请求大人抱走妹妹。

☆拿个妹妹能吃的东西给她吃。

哥哥有了解决问题的清单，上面有这么多可以用的方法，遇到妹妹再来打扰的时候就不那么烦了，正所谓"方法总比问题多"。

> **小练习** 你在家中排行第几？是老大、老小、排行中间的孩子，还是独生子女？你的出生顺序对应的性格特点对你教育孩子有怎样的影响？

育 儿 小 贴 士

处理兄弟姐妹的纷争

1. 专属的"特别时光"。父母要与每个孩子都有单独相处的"特别时光"，定期和孩子"约会"。

2. 长幼有序。培养孩子相互尊重，年龄小的孩子学会尊敬哥哥姐姐，哥哥姐姐学会爱护弟弟妹妹。

3. 营造家庭合作的氛围。尽管同处一个家庭，但孩子的天赋和特长是不一样的，不对孩子进行比较。

4. 不介入孩子的争斗，不去充当裁判。如果需要介入，平等地对待每一个孩子。

5. 同伴冲突对儿童发展具有积极的意义，不要害怕冲突、逃避冲突，引导孩子学会处理冲突，有利于孩子的成长。

6. 孩子在家庭里学会合作，将来能更好地走进社会，与人合作。

05

成长阶段篇

做自己孩子的育儿专家

在不同的人生发展阶段，孩子有着不同的心理特征和规律。孩子的发展既有普遍的规律性，又有其自身独特的个性特点。遵循孩子的身心发展特点，因材施教，是父母成长的必修课。

0~3岁孩子的正面管教：建立安全感

> 人类不只是在大学里获取知识，而是在一出生时就开始了学习的过程，特别是在出生后的最初三年里，获取的知识最多、最密集。
>
> ——蒙台梭利《有吸引力的心灵》

每次演示正面管教体验式活动"掌中大脑"，说到前额叶皮层在整个大脑发育的过程中成熟较晚的时候，我会让家长们猜猜看，前额叶皮层大约什么时候发育成熟？家长们反馈了各种各样的答案，10岁、18岁、20岁……我听到最离谱的答案是3岁。经研究发现，前额叶皮层大约在25岁发育成熟。前额叶皮层有调节和控制的作用，如果家长以为的前额叶皮层成熟时间是3岁，希望3岁的孩子就能控制自己的情绪，这是多么不切实际的期待啊！

我们做父母的，有时会过高或过低地估计孩子们的心理发展水平。了解孩子身心发展的特点，做好相应的教育，是家庭教育的出发点。

在儿童发展心理学中，有一个重要的概念是"年龄特征"，即以年龄为指标划分的一个人从出生到成人的各阶段的生理和心理特征。个体在成长过程的每个阶段所经历的情况各不相同，从而形成了不同的年龄特征。通常，儿童和青少年可按照年龄范围划分为以下几个成长阶段：婴儿期与学步儿期（0~3岁）、学前期（3~6岁）、儿童中期（6~12岁）和青春期（12~20岁）。

儿童发展包括三个重要的主题，即：生理发展、认知发展、人格与社会性发展。生理发展强调脑、神经系统、肌肉、感知能力及食物、水和睡眠需求对行为的影响；认知发展强调智力的成长和改变及其如何影响个体行为，包括学习、记忆、语言发展、问题解决和智力；人格与社会性发展强调个体差异以及个体与他人的互动和社会关系的发展变化。

婴儿期（0~3岁）孩子的年龄特征

婴儿的身高和体重发育很快，生命的头两年是人生中的第一个生长高峰。一般来说，新生儿的平均体重为3.18公斤，身高约50.8厘米。一年后，婴儿平均长高大约30.5厘米，到两岁时身高大约91厘米。同时，婴儿的大脑重量急速增加，刚出生时婴儿脑重约为成人脑重的30%，到两岁时这个数字就达到了70%。这个年龄段的孩子感受器官敏感，视觉、嗅觉、味觉、听觉、触摸觉等知觉能力全面发展。

大多数父母可能还记得他们的孩子学会走路、迈出人生第一步的样子。婴儿期的孩子身体动作发展迅速，俗称"三翻六坐七爬"，意即三个月会翻身，六个月会坐，七八个月会爬。

婴儿的言语能力也在不断发展，从最初的咿呀学语开始，婴儿一般在10~14个月大时说出第一个单词，有的婴儿甚至更早。1岁半左右，词汇量迅速增长，开始将单词组合成简单的句子。大多数2~2.5岁的孩子，已经学会了用语言去沟通，通常能够让别人理解他们的意思。

从心理学家皮亚杰的认知发展阶段理论来看，0~2岁的孩子处于感知运动阶段，婴儿是通过"做"这一重要方式来学习的。比如，你给婴儿一样新的玩具，他会去摸一摸、咬一咬，甚至会把这个玩具扔在地上，这些动作就是婴儿获得知识、理解这个新物体的方式。

如果你留意观察更多的新生儿，会发现有的孩子喜欢安静，有的孩子非常吵闹，孩子从出生起就表现出不同的气质和活动水平。根据婴儿的气质类型，心理学家托马斯和切斯把婴儿的气质分为：容易型、困难型和迟缓型。婴儿的气质类型往往影响着父母的教养方式。

从心理学家埃里克森的认知发展阶段理论来看，0~1.5岁的孩子处于"信任对不信任"阶段，他们的主要发展任务是发展信任感，克服不信任感；1.5~3岁的孩子处于"自主对怀疑羞愧"阶段，他们的主要发展任务是发展自主感，克服怀疑羞愧感。

婴儿期孩子的主要养育任务

1. 科学喂养

婴儿的身高和体重发育很快，因此，保证婴儿的营养和睡眠尤为重要。母乳喂养不仅可以增加孩子的免疫力，还可以增进母亲和孩子的情感交流，提高孩子的心理免疫力。

刚出生的宝宝每天需要的睡眠时间大约有18个小时，最高能达到20个小时，最少需要16个小时。让孩子养成良好的饮食起居规律，既能满足孩子的生理需要，也能提供安全感。

怀孕期间，我从图书馆借来一些胎教的书籍，书上说，最好给胎儿取个名字，每天喊她（他）的名字。那时，我们还没有为孩子起好名字，我会称呼她（他）为宝贝，在校园里散步的时候，会告诉她（他）现在是白天还是晚上，一路上看到了什么，我都讲给我的宝贝听。女儿出生后，她的作息时间非常规律。除了白天吃奶外，每天晚上11点左右吃一次，半夜醒来吃一次，然后到第二天早上6点再吃一次。每天晚上女儿睡得很安心，我也得到了比较充足的休息，我想这可能和胎教有关。

从女儿婴儿时期起，我就训练她自然入睡，而不是靠成年人哄着睡或陪着睡。她入睡前，我会播放催眠曲，然后亲吻她的额头，道一声晚安。为了保证她睡眠充足，我会安排女儿早早入睡。我告诉她，早点睡觉，会有一个像圣诞老爷爷的爷爷来发"生长素"，这样可以长得高。直到小学二年级前，女儿基本上都是晚上8:30就睡觉了。

2. 心理的全面启蒙

婴儿时期，孩子的感觉系统、动作、语言都在迅速地发展中，情绪也在不断发展变化。从出生到两岁，神经胶质细胞增加了好几倍，这一过程在小学期间减缓，到青少年期又加速。心理学家本杰明·布鲁姆发现儿童智力发展有一定的规律。布鲁姆认为17岁为儿童智力发展的最高点，假定其智力发展值为100％，可以得出各个年龄段儿童智力发展的百分比：0～1岁是20％，1～4岁是30％，4～8岁是30％，8～13岁是12％，13～17岁是

8％。因此，婴儿期是培养孩子智力和人格发展的最好时期，人的一生是从零岁开始奠基的。

当我怀孕后，准备迎接一个小生命的到来，我感到欣喜万分，也对将自己懂得的教育学理论知识应用于实际充满了期待。早在女儿出生前，我就从武汉邮购了"0岁方案"的小册子来阅读学习。和很多早教理论一样，"0岁方案"非常重视孩子多种感觉的发展，里面有很多具体可操作的方法。

女儿还不会说话的时候，我就不断地和她聊天，在路边，我们会看着一朵花，蹲下身，闻一闻，我会告诉她这朵花是什么颜色，闻起来是什么味道。那时，我会给她讲故事，订阅了《婴儿画报》，念给她听。

我会带着孩子到各种场景去看一看，增加感性认识。女儿2~3岁时，我带她去图书馆走一走看一看，告诉她，今天我们来到了图书馆，这是知识的海洋，我们可以借书看书；带着她去小学转转，告诉她，将来长大了要来这里上学。邮电局、菜市场、书店、商场、公园……处处留下了我和女儿的足迹，每到一处，我会和她一起去观察，一起用语言去描述。

女儿刚刚会爬的时候，我也跟着她满屋子爬，特别开心。如果不是陪着孩子，一个成年人在地上爬岂不可笑？孩子，帮助我们打开了绚烂多彩的世界。

3. 建立安全感

孩子从出生起，就和照料者之间建立了情感的连接——依恋。那时孩子还不会说话，通过哭发出信号，父母就会知道孩子饿了、困了、不舒服了……孩子得到了及时的回应，就会产生一种安全的依恋。这就是阿德勒学派理论所说的"归属感"。

孩子通过照料者这个窗口来看待世界，孩子的需要得到了满足，就会产生信任感。如果孩子的需要没有得到满足，就会感到情绪痛苦，对这个世界产生不信任感。这就是埃里克森人格发展理论里讲到的"信任对不信任"的阶段。这种信任感或不信任感会影响孩子一生的发展。

父母最需要分辨的就是"需要"和"想要"之间的差别。有时候，孩子的哭声是睡觉的信号；有时候，孩子的哼哼唧唧则是想寻求你更多的关注。父母需要智慧来分辨孩子哭声的细微差别。

学会走路之后，孩子的活动范围更大了，喜欢四处走走，到处摸摸，以自己的方式探索这个世界。如果你担心危险，限制这个又限制那个，会让孩子缺乏自主感，产生羞愧和怀疑感。这就是埃里克森人格发展理论里讲到的"自主对怀疑羞愧"。

因此，父母可以把危险的物品收起来，为孩子提供一个安全的环境，让孩子大胆地去探索，帮助孩子建立健康的自主感。孩子都喜欢玩水玩沙，水和沙没有形状，可以充分调动孩子的积极性，在保证安全的情况下，父母可以鼓励孩子去玩。

女儿出生后，我会腾出更多的时间来陪伴她。我一直很想去读研究生，但我知道0~3岁是重要的时期，于是有意识地放慢了自己求学深造的脚步。我是在女儿两岁半时去考研的，当女儿三岁半的时候，我如愿读上了发展与教育心理学专业的研究生。

婴儿期孩子适用的正面管教工具

1. 建立日常惯例

建立惯例，是生命头几年最重要的部分。孩子了解了可预见的生活惯例，大概知道什么时候要吃饭了，什么时候要睡觉了，什么时候要洗澡了，什么时候要讲故事了，什么时候要出门活动了……就会产生一种安全感。孩子出生后，父母要有意识地为孩子建立稳定有序的生活环境。父母可以记录孩子吃奶、换尿布、睡觉的时间点，制定一份惯例表，粘贴在家里。

对小孩子来说，通过重复来学习就是最好的学习方式。你会发现，孩子喜欢反复地听同一个故事。每当小宝宝要吃奶、睡觉、洗澡的时候，你可以告诉孩子："现在是_____的时间了"，这样帮助他形成一个日常的惯例。孩子长大一点后，就可以让他们参与制作日常惯例表。晨起活动、睡前活动、吃饭、玩玩具等，都可以编到日常惯例表里面。

我们都希望孩子成为自律的人，那就要从娃娃时期抓起。可以和孩子一起头脑风暴，列出需要做的事情。比如关于晨起的惯例表，要做的事情有：刷牙、换上出门的衣服、吃早餐、带上出门的物品、穿鞋等，先头脑风暴，然后引导孩子对这些事情的先后次序进行排序。有些家长把这个惯例表形象地比喻为公交车时刻表，每个事项就好比一个公交车站，公交车依次经过每个站（完成每项任务）……整个任务过程就充满了童趣。

可以拍下孩子做事的照片，也可以画一些示意图，附在每件事情之后，制作出图文并茂的惯例表来，粘贴在家中显眼的地方，让惯例表来"说话"，而不是凡事都需要父母去要求孩子。如果孩子忘记做某一事项，家长可以进行启发式提问："你的日常惯例表的下一项是什么？""你的12路公交车已经到了第三站，下一站要做什么呢？"特别值得注意的是，不要加入奖励。不要因为孩子做得好，就奖给孩子什么东西，这样反而会带走孩子的能力感。

晨起惯例表		睡前惯例表	
换衣服		洗澡	
刷牙		刷牙	
吃早餐		准备明天的衣服	
准备出门		讲故事	
穿好鞋子		晚安	

2. 有限的选择

给孩子选择，可以增强孩子的自主感。这里说的是有限的选择，即通常给孩子提供两个选项，都是父母在自己愿意的范围内提供的，这样既尊重了父母，也尊重了孩子，是"和善而坚定"的最好体现。比如，出门的衣服，父母可以选出两套来，让孩子从中选择；准备早餐时，可以问孩子，愿意吃包子，还是吃面包？后面再加上一句"你来决定"。这样可以增强孩子的控制感。当约定的时间到了，孩子还想继续手上的活动，不愿意停下来，父母可以先和孩子共情，表达自己的原则，再提供有限的选择。

可以使用这样的句式："我知道你_____，我们还是要_____，你愿意_____还是_____？你来决定。"

如："我知道你还想在外面玩，但我们要回家了。你愿意像小兔子一样蹦蹦跳跳地回家，还是像一只小鸟一样飞回家？你来决定。"

你一边说，一边比划小兔子或小鸟的模样，小孩子就会转移注意力。孩子做出选择后，你可以和孩子一起，或者蹦蹦跳跳地回家，或者挥舞双臂"飞"回家，享受亲子相处的其乐融融。

如果孩子对你给的这两个选择都不同意的话，蹲下身来，抚摸孩子，安抚孩子的情绪，然后坚定地告诉孩子"留下来不是一个选择"，继续重复你提供的有限的选择。

3. 花时间训练

两岁的孩子，自我意识开始萌芽，知道使用"我"这个代词，喜欢说"不"，哪怕是在表示同意。他们会反抗爸爸妈妈的很多安排；喜欢自己为自己服务；喜欢尝试去做很多过去不会做的事情；对爸爸妈妈的任何干涉都敏感。这个阶段，常常被称为"麻烦的两岁"。

父母应该帮助孩子很好地控制他们的自我意识，培养孩子的自主性。因此要花时间训练，让这个常常不满、喜欢和你争执的孩子，成为一个快乐的、容易相处的两岁孩子。

这个时候的孩子，渴望有自主感，他尝试着自主吃饭、自主穿衣、自主玩耍，甚至你做饭的时候他也想来帮帮忙，当然有时候是"越帮越忙"。相比而言，你帮孩子穿衣服，和你教孩子穿衣服，哪个效率更高？当然是前者，你可以快速搞定。然而，尽管教孩子穿衣服要多花些时间，但从长期的养育效果来看，培养孩子的生活技能是不是更重要呢？

正面管教工具中的"花时间训练"，是这样的四部曲：

（1）一边做，一边和善地为孩子讲解（如一边演示，一边讲给孩子听："穿衣服，先从一只袖子里穿过，再穿另一只……"）。

（2）和孩子一起做（如协助孩子穿衣服，陪伴孩子）。

（3）让孩子自己做，你监督（如，让孩子自己穿衣服，你在旁适时指导）。

（4）当孩子感觉准备好了，让他自己做（如提供有限的选择，帮助孩子准备好第二天的衣服，让孩子自己穿好衣服）。

不要小看这些小小的生活技能，这是培养孩子自信心的最好起点。不要以为等孩子长大了，自然而然就会这些生活技能了。技能的学习，都是需要训练的。

有一位参加我们正面管教家长班的学员，她的孩子当时已经七岁了，小时候爷爷奶奶过度照顾，吃饭是追着喂的，衣服是长辈帮着穿的，孩子长得很瘦小。有一天，这位妈妈去学校接孩子放学，那天下午天气很热，孩子满头大汗却不知道脱掉外套，她看在眼里疼在心里。她在我们布置的家庭作业中感慨："就像吃饭是人的本能，根据天气变化随时增减衣服，是一种基本的生活技能，为什么我的孩子没有？"从那时起，她意识到"花时间训练"是多么的重要。

4. 拥抱

孩子需要爱的五种语言，其中之一就是身体的触摸。平时多拥抱孩子，让孩子感受到爱。

正面管教工具中的"拥抱"则提供了不一样的观察角度，它背后的逻辑是：孩子感觉好了，才会做得更好。孩子发脾气的时候，父母可以试试要求孩子给你一个拥抱，这可能会带来意想不到的效果。

特别是孩子处于"麻烦的两岁"时，有时候孩子发起脾气来，会让人感到莫名其妙，防不胜防。孩子年龄尚小，认知水平有限，对他进行批评教育似乎都很难奏效，这时可以试试用"拥抱"这个工具。

我们家长班有一位学员是两岁半孩子的母亲。她在作业中分享了这样的故事：孩子吃完冰箱里的自制棒冰时，把模具拿给我，当时我没留意里面是否还有剩余，就接过来洗掉了，洗的时候发现里面其实还有两块，但已经来不及了，就把那两块处理了。第二天晚上孩子问起棒冰时，我说已经化掉了，洗了，没了。这下孩子可不依了，生气地说："你为什么要洗掉？里面还有你不知道吗？我今天还要吃的呐，妈妈讨厌……"原本我是想说"没了就再做呗"，但面对这一连串指责也很恼火。好在我在当时忍住了，想起了"拥抱"这个工具，就对女儿说："我需要你的拥抱。"女儿当时一愣，我继续说："我需要你的拥抱。"这时，女儿虽然还带着哭腔，但给我了一个拥抱，我也紧紧地抱住女儿。时光在那一刻仿佛凝住了。孩子抽泣了一会儿，擦干眼泪对我说："妈妈，对不起，我刚才不该对你那么凶。"面对这么友善的孩子，我还有什么理由发火？我也对女儿说："宝贝，妈妈也对不起，妈妈不应该没看清楚就把里面的东西清掉。我以后会注意的。"说完，我又抱抱孩子……这样的感觉挺好。

小练习　父母是孩子的第一任教师，你会如何帮助孩子建立安全感和信任感？如何训练孩子从小学会最基本的生活技能？

3～6岁孩子的正面管教：还给孩子一个童年

> 游戏是儿童的生命，游戏具种种教育上的价值，我们更加宜利用的，但是我们也要明白这个游戏是随年岁而变迁的。
>
> ——陈鹤琴《儿童心理及教育儿童之方法》

"孩子一上幼儿园就哭，这个分离焦虑都闹腾了快一个月了。"

"小朋友来家里玩，我的孩子不愿意分享自己的玩具，这么自私怎么办？"

"孩子最近在幼儿园里老是打人，都被家长和老师投诉了，怎么办？"

在从事家庭教育的过程中，我常常收到家长们这样的问题。3～6岁的孩子进入了幼儿期，表现出一些新的心理发展特点。

幼儿期（3～6岁）孩子的年龄特征

和婴儿期相比，孩子的身高和体重增长在幼儿期减慢，婴儿肥现象减少，按照通俗的说法，孩子在"抽条"了，孩子的身材变得修长匀称，身体比例向成人的方向发展。幼儿的动作平衡性增强，协调性越来越好。4～5岁的孩子可以双脚交替上下楼梯，5～6岁的孩子能骑带辅助轮的自行车。精细动作在幼儿期也有一个飞跃，幼儿可以用小块积木玩建筑游戏、串珠子等。

幼儿期的大脑发育依然很快，在2～6岁期间，儿童脑重从成人脑重的70%发展到90%，特别是大脑皮层的前额叶发育很快，这部分主要负责计划和组织行为。

幼儿期是言语不断丰富发展的时期，词汇数量增加最快，据相关研究，6岁的中国幼儿可掌握3500个词汇。同时，幼儿的口语表达能力增强，3～5岁是口语表达的快速进步时期。

从皮亚杰的认知发展阶段理论来看，2～7岁儿童的思维处于前运算阶段，这一阶段儿童思维的基本特性是相对具体性、不可逆性、自我中心性和刻板性。

从埃里克森的人格发展阶段理论来看，4～7岁儿童处于"主动对内疚"阶段，在这一时期，如果幼儿表现出的主动探究行为受到鼓励，幼儿就会形成主动性，这为他（她）将来成为一个有责任感、有创造力的人奠定了基础。

幼儿期孩子的主要养育任务

1. 重视幼儿游戏的需要

很多人以为游戏就是玩，没什么重要的。孰不知，游戏对于幼儿，犹如工作对于成人，都是至关重要的。著名教育家陈鹤琴先生曾说过："游戏是儿童的生命。""幼稚园教育，即根据游戏本能。中小学校亦以游戏为施教之良器。"

因此，游戏是幼儿的主导活动，也是幼儿锻炼身体、开发智力、培养合作能力的一种形式，可以全面促进幼儿的身心发展。

女儿小时候，我带她进行户外活动，在学校的操场旁玩沙。我购买了"幼儿游戏大全"，把书上的游戏基本上都玩了一遍。我还让女儿邀请小朋友来家里，一起玩游戏。记得我们一起玩过"老狼老狼几点了"，是教孩子认识钟表和时间的。女儿两岁半的时候，看到她对报纸上的大字感兴趣，我就自制"识字卡片"，和她玩游戏，一边玩一边识字。通过识字游戏，女儿认识了不少的汉字，她在五六岁就可以独立阅读了。

2. 发展孩子的语言能力

2～5岁是儿童语言的发展期，孩子多在2岁左右进入口语表达关键期，3岁左右口语表达变得丰富，然后在4～5岁进入书面语言敏感期。

因此，在孩子2～3岁的时候，要鼓励孩子多说话。这时候可以教孩子一些儿歌、唐诗，这些朗朗上口的材料，孩子很容易记住、背诵。多给孩子讲故事，成语故事、童话故事、中国上下五千年的历史故事，孩子都会百听不厌。当然，家长要有耐心。记得女儿三岁左右，她要小姨讲《盘丝洞》，讲了一遍又一遍，那时还没有孩子的小姨开始不耐烦了，就偷工减料，故意跳过一页往下讲。女儿说不对，要求从漏掉的那一页重新开始讲，小姨觉得好笑：你都知道了，为什么还让我讲呢？这就是幼儿常见的心理现象，孩子更喜欢听重复性的故事，这是他们学习的方式。

女儿三四岁的时候，我们常常玩一些和文字有关的游戏，如词语接龙、故事接龙、猜谜语，我们还自编自创谜语。每天晚上，讲故事是女儿最喜欢的亲子时刻，有时我们躺在床上，不拿书和画册，直接讲故事，这个难度比较大，我只好把心理学的一些内容搬过来，如"棉花糖"实验、皮格马利翁效应等，编成故事讲给她听。

3. 培养孩子的社交技能

儿童游戏有不同的水平，从平行游戏到旁观者游戏再到合作游戏，依次更有建设性和合作性，社会技能变得更重要。孩子上幼儿园之后，会面临很多行为的挑战。幼儿一旦与别人起冲突了，常常会使用"咬人"的方式，或者是大哭大闹，甚至在地上打滚。哈特普（Hartup，1974）的研究表明，3～6岁幼儿的攻击性行为随年龄的增长而增加，身体攻击在4岁时达到顶点。孩子出现攻击性行为的原因有很多，其中的一个重要原因是缺乏社交合作的技能。因此，培养幼儿的情感和社交技能非常重要。

在日常生活中，孩子之间因争抢玩具而发生矛盾的情况并不少见，这和孩子的物权意识有关。两岁的孩子会进入到"物权敏感期"，对自己的物品十分重视，这和孩子自我意识的发展是紧密联系的。三岁的孩子开始慢慢有了情绪理解的能力，产生共情，在此基础上，才会有分享的行为。

因此，对于女儿的玩具，我不会强迫她拿出来分享。别的孩子来我家玩的时候，我会事先问问她，你愿意拿出哪些玩具来和小朋友一起玩？在一起玩的过程中，幼儿之间很容易发生争执，我不会直接干预，而是在确保没有大的肢体冲突的前提下，看看孩子们是如何处理的。保持随时观察，给孩子们一个成长的空间。

幼儿期孩子适用的正面管教工具

1. "特别时光"

和孩子的"特别时光"，是送给孩子最好的礼物。对于幼儿，父母每天应留出至少10分钟（通常是30分钟），选择一个固定的时间段，和孩子单独相处。在这段时间里屏蔽所有的电子产品，专心和孩子在一起。可以是亲子户外活动，也可以是亲子阅读。睡前的亲子阅读是和幼儿共度"特别时光"的一种很好的方式，既可以让孩子感受到爱，也可以培养孩子良好的阅读习惯，为孩子以后的学习和终身成长打下扎实的基础。

你也可以和孩子一起头脑风暴，列举出你们都喜欢做的事情，如阅读、玩亲子游戏、唱歌表演等。把这些选项写在小纸条上，每天固定一个时段，让孩子像抽签一样抽出一项来进行。不同的活动交替进行，也能让孩子充满好奇和喜悦。

我有个朋友，她的孩子已经五岁了，却出现了"吃手指"的倒退性行为。看到孩子吃手指，朋友作为家长会去指责，甚至打他的手，但孩子的这种行为反而越来越频繁了。朋友来找我咨询，我问她最近家里有什么变化，朋友想了想说，她正在准备考博士，以前是她接送孩子上幼儿园，现在为了节省时间复习考试，改由奶奶接送了。我告诉她，很可能是由于他们的亲子互动时间减少，引起了孩子的焦虑。复习考试，也要有放松的时候。我建议朋友腾出时间，由她接孩子放学，顺便在小区里玩一玩。把这个时段作为和孩子的"特别时光"，既可以陪伴孩子，自己也适当休息。朋友按照我的说法去做，孩子的"吃手指"行为慢慢减少，最后就消失了，亲子关系变得融洽。同时，她的复习效率也提高了，后来如愿考上了博士。

2. 愤怒选择轮

幼儿之间的攻击行为是比较普遍的。有些攻击行为是无意的，如孩子搬动椅子的时候，碰到了另一个小朋友。这些小小的"混战"是幼儿典型生活的一部分，但会给孩子带来很多情绪上的困扰。从两岁开始，儿童能够逐渐说出自己的感受。当他们长大一些，就能够运用更为有效的策略，学会更好地应对消极情绪。

愤怒选择轮，指的是当孩子感到愤怒的时候，可以选择一些平复愤怒情绪的方法。孩子情绪平稳的时候，父母可以和孩子一起来制作愤怒选择轮，和孩子讨论：我们每个人都有情绪不好的时候，我们可以做些什么，让这些不好的情绪变得好起来呢？和孩子一起头脑风暴，如画画、深呼吸、数数、抱抱最爱的玩具公仔、去阳台看看花……讨论的过程要引导孩子积极思考，孩子自己想出的解决方案会更容易执行，孩子也更愿意去执行。

年龄小的孩子，选择轮的选项相对要少些，以便孩子进行选择。如三岁的孩子，制作的选择轮可以是四个选项，随着年龄的增长，可以慢慢增多为六项或八项。在每个选项上，除了文字，可以再配上个简易插画，图文并茂，生动有趣。这个图画的工作，可以让孩子在家长的指导下完成。在选择轮中间，再加上一个可以旋转的指针，指针停在哪个选项上，就用哪种方法来冷静。

在实际操作中，很多家长发挥了自己的创意，有人使用折纸"东西南北"的方式，在东西南北四个角写上选择项，孩子通过玩游戏的方式，选择一个方向，或东，或南，从而选择一个选项。还有人将这些选项写在干净的冰激凌棒上，放在一个笔筒里，使用时让孩子闭上眼睛抽取一个。

孩子生气的时候，家长引导孩子使用选择轮，使用选择轮的过程，就是让孩子的爆发情绪有个缓冲地带，可以帮助孩子平复心情、学会冷静、管理好自己的情绪。对提高孩子的情商和智商都是非常有帮助的。大脑前额叶皮层发育较迟，一般要25岁才发育成熟。整个大脑的功能运转，都要依靠大脑前额叶的调节和控制，孩子慢慢学会冷静，可以帮助他整合大脑的功能，更好地去应对和处理问题。

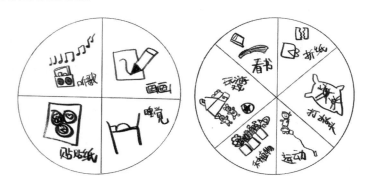

3. 启发式提问

在生活中，很多父母会习惯使用一些命令式的句式："去刷牙！""去洗澡！""把玩具收拾起来！""穿好你的外套！""快点，不然要迟到了！"他们认为这样的指令方式简洁、高效，却不知孩子听了这些话，大多会产生一种本能的抵触心理，想要"对着干"。于是他们越吼，孩子越磨蹭，孩子越磨蹭，他们就越吼，陷入恶性循环之中。

与之相对应的还有另一种方式，那就是启发式提问："你想想怎样才能保持牙齿的清洁？""看看你的日常惯例表，下一件事应该做什么了？""玩了玩具之后，要让房间整洁，你要做些什么？""外面有些冷，想想穿什么衣服出门不会感到冷？"孩子听到这种启发式的提问时，会很放松，会思考要去做什么。也许孩子不能马上作出反应去行动，但他有了思考的空间，思考后的行动会更加坚定。从长期的教育效果来看，这对于幼儿发展自己的语言能力、社交能力和思考能力，都是非常有帮助的。

常见的启发式问题有：你当时的想法是什么？你有什么感受？你当时做了什么？你从中学到了什么？下次遇到类似的问题，你准备怎么做……多问问关于"什么"的问题，少问"为什么"的问题，如"你为什么要和小朋友打架？""你为什么这样自私，不愿意和小朋友分享玩具？"因为这些问题都是带有指责性的。

使用启发式问题时，简·尼尔森提醒我们，有几点要注意：

（1）不要预设答案。带着好奇走进孩子的内心世界，可能他们想到的解决问题的办法比你想象的还要好。

（2）平静之后再提问。无论是你，还是孩子，等情绪平静之后再提问。先处理情绪，再处理问题，这是一个重要的策略。

（3）你问的启发式问题要发自你的内心。有人担心，总是使用启发式问题，都不知道该如何说话啦。多多练习，你会感受到，发自内心的、真诚的话语才最打动人。

小练习 父母是孩子最好的"玩具"，你会花时间陪孩子玩游戏吗？你们常玩的游戏有哪些？收集整理一个属于你们的游戏库，定期玩一玩。

6～12岁孩子的正面管教：提升孩子的能力感

> 小学面临着许多重要任务，而其中占据首位的任务就是：要教会儿童学习。
>
> ——苏霍姆林斯基《给教师的建议》

在正面管教的工作坊里，我们常常会播放"皮亚杰理论演示"视频。视频中实验人员找来两个大小一样的杯子，确保它们的容量相同，倒满水，再拿出两个不一样的杯子来，一个高高的、比较细长，另一个矮矮的、比较粗。接着，当着孩子的面，将容量相同的两个杯子里面的水分别倒入高而细的杯子和矮而粗的杯子中，问孩子：这两个杯子里的水是不是一样多？不同年龄的孩子，回答是不同的。3～4岁的孩子会说"不一样"，他们坚持认为那个高而细的杯子里的水要多些，因为水位比较高；6～7岁的孩子则会告诉你，它们装的水是一样多的，并解释原因。

这就是心理学家皮亚杰关于"守恒"的一个实验。守恒概念是指，儿童能认识到：无论一个事物的知觉特征如何变化，它的量始终保持不变。通过这个实验，你会发现，6～7岁的孩子已经出现了对"守恒"的认知。

至此，儿童心理发展达到一个新的高度，和幼儿期相比，这个阶段的孩子还有哪些不一样的特点和发展任务呢？

6～12岁孩子的年龄特征

儿童从六七岁到十二三岁处于小学阶段，开始接受学校教育，迎来儿童心理发展的一个重要转折时期。因此，儿童中期（6～12岁）通常被称为"学龄期"。

从身体发展来看，儿童在这段时期的发展处于"缓慢但稳定"的阶段，不仅没有出生头五年的增长速度那么快，也比不上青春期的发展速度。随着孩子们身体变得越来越高大、强壮，他们掌握了各种新技能，如游泳、舞蹈和各种球类运动。在这个时候，年龄相同的孩子，身高有可能相差10公分之多。这是个体发展过程中，女孩的平均身高高于男孩的唯一的时期。也意味着，这个阶段，女孩普遍比男孩发育得更成熟。现实生活中，我们会说小学女生比较懂事，男孩子"开窍"晚。

在小学时期，儿童的脑和神经系统的发育表现出均匀和平稳的特点。六岁左右，儿童的大脑发育已经达到成人大脑的90%。学习开始成为儿童的主导活动，学习动机、学习兴趣、学习态度和学习策略都会影响他们的学习效果。儿童面临的社会关系开始趋于复杂，亲子关系、同伴关系和师生关系对其心理和行为影响重大。

从皮亚杰的认知发展理论来看，7～11岁的孩子处于具体运算阶段，思维比以前更富于逻辑性、灵活性和组织性。儿童出现了"守恒"的认知，能够认识到物体形状的改变并不一定影响其数量。儿童具有"去中心化"的能力，可以考虑到多种观点。

我国心理学家朱智贤曾经指出，小学儿童思维的基本特点是从具体形象思维逐步过渡到抽象逻辑思维。但这种抽象逻辑思维在很大程度上仍然是直接与感性经验相联系的，仍然具有很大成分的具体形象性。

从埃里克森的人格发展理论来看，6～12岁的儿童处于"勤奋对自卑"阶段，主要强调儿童为了应对由父母、同伴、学校以及复杂的现代社会提出的挑战而付出的努力。如果成功度过这个阶段，儿童会获得逐渐增长的能力感，反之会导致失败感和自卑感。

6～12岁孩子的主要养育任务

1. 培养良好的学习习惯

这个阶段孩子的主导活动是学习。接受义务教育，是适龄儿童的权利，也是一种义务。与学前儿童的游戏相比，小学儿童的学习具有社会性和强制性，不是想学就学、容易学就学，而是需要付出很多的意志努力，克服一定的困难的。

苏霍姆林斯基在《给教师的建议》中指出："小学面临着许多重要任务，而其中占据首位的任务就是：要教会儿童学习。"那父母要发挥怎样的作用呢？小学阶段主要是培养孩子良好的学习习惯，让孩子对自己的学习负责，成为学习的主人。

女儿两三岁的时候，我就教她认识钟表、看时间；上了小学就教她自己使用闹钟，按照规定的时间起床去上学，而不是给孩子当闹钟，否则喊她几遍都起不了床的。这个阶段，我建议她放学回家先写作业再吃饭，然后到院子里去玩。小学中的第一个寒假，我告诉女儿，最好是过年前把寒假作业写完，因为年后就不想写作业了。那一年的大年三十下午女儿还在赶作业，终于赶在"春晚"前写完了。这次经历让她印象深刻，从此她的小学寒假作业都是在年前写完的。暑假时，女儿开始计算暑假作业本的页数，她计划每天写10页，这样15天就可以写完了。我看到这样的场景时，露出了"老母亲的微笑"。

前段时间，我在北京大学首期"幸福亲师"研讨会上，听到了一位北大学子的学习经验分享，很受触动。他说："学习方法和学习习惯与每个人的性格因素是息息相关的。对于小学阶段的同学们来说，塑造好的性格很重要。然后培养一些很基础的学习习惯，比如认真听讲、积极发言、记笔记、不懂就问、字体工整、搞懂每一道错题等，这些看似非常基础，却是最重要的。我们应该不断地去重复、强化，让它们成为我们的肌肉记忆。因为这些基础的习惯一旦养成，会贯穿我们的学习生涯始终，会让我们受益终生。"

对长期的学习来说，练好"童子功"是非常重要的，我们做父母的，可以在这些基础的学习习惯方面多引导孩子。

2. 帮助孩子学会与人相处

进入小学阶段，孩子面临的社会关系更加复杂了，他们对家庭之外的世界更加感兴趣。老师和同伴是这一阶段重要的社会关系。儿童与老师的互动、与同学的互动不仅影响着他们的人际关系，也影响着他们的学习成绩。《教室里的正面管教》提到："火车需要两条轨道，我们的学校也一样。第一条轨道是学业的学习，第二条轨道是社会能力和情感能力的培养。"

小学儿童的主导活动就是学习，影响学习的不仅有智力因素，还有非智力因素。智力因素主要有五个方面：观察力、记忆力、注意力、想像力、抽象思维能力。其中，抽象思维能力是智力的核心。非智力因素主要包括：自我意识、社会适应、情绪控制、意志力、自我激励、人际关系等方面的能力。

女儿读小学一年级的时候，我正复习考博，那时无论我多忙，晚上和她的亲子故事时间是雷打不动的，我每天接她放学，一路聊天，问问她在学校的情况。

那时候，我们生活在大院里，和女儿年龄相仿的孩子有20多个，他们一起玩耍，度过了快乐的童年。女儿十岁转学来到佛山前，我告诉她可以邀请小朋友一起玩，拍拍照片，留下美好的回忆。女儿准备了很多小纸条，分发给小伙伴，上面写着："我要去佛山生活了。明天上午10点我们在水塔下集合，一起拍照，你愿意吗？"我顿时觉得女儿还挺有社交策略的。

3. 鼓励发现孩子的潜能

小学儿童正处于"勤奋对自卑"的阶段，主要的发展任务是培养勤奋感。小学时期的勤奋感来自对有用技能和各种任务的掌控。埃里克森认为，许多人长大后对学习和工作的态度和习惯都可溯源至小学阶段的勤奋感。

因此，在小学阶段，对学生进行多元化的评价，多肯定孩子的长处，激发他们的潜能，让他们逐渐体会到能力感，这对于他们一生的发展都非常重要。

美国心理学家加德纳提出了多元智力理论，堪称"心理学界哥白尼式的革命"。传统的智力理论认为个体的智力是单一的，加德纳却认为，智力的基本性质是多元的，各种能力不是以整合的形式存在，而是以相对独立的形式存在。他提出人的智力至少分为八个范畴：语言智力、逻辑数学智力、音乐智力、空间智力、身体运动智力、人际关系智力、内省智力和自然智力。

在一般的学校教育中，用于考核学生的学业成绩的通常主要是语言智力和逻辑数学智力。有些孩子虽然在其他智力方面有优势，却没有机会表现出来。作为父母和教师，要去发现、鼓励孩子方方面面的潜能。

女儿的一位"发小"在小学四年级时，学习成绩表现平平，甚至比较落后，家长为此忧心忡忡。有一次看电视的时候，这个女孩跟着电视中的舞蹈表演劈出了个"一"字，她妈妈见了大感惊讶，因为她从来没有学过舞蹈。于是妈妈送她去青少年宫学习舞蹈。这个女孩的韧带比较柔软，很快她就在舞蹈班脱颖而出，连升几级。舞蹈老师也鼓励她回校后要好好学习，将来可以通过艺考上大学。这位"发小"在舞蹈学习中获得了充分的自信，她把这股力量带到了文化课学习中，学习成绩大幅提高。后来，她以专业第一名的成绩考进了一所本科院校，学习表演专业。大学毕业后，她创办了舞蹈工作室，教小孩子学习舞蹈。

天生我材必有用，孩子一定具备在这个社会上立足的独特能力，重要的是我们要有一双会发现、会欣赏的眼睛。有些家长会说孩子"除了不爱学习，其他都好"，那不妨在"都好"的地方找到他的长处来，鼓励他，支持他。孩子的特长和优点得到肯定时，也会反过来促进学习。

6～12岁孩子适用的正面管教工具

1. 积极暂停角

提高孩子的情绪智力，已经成为国内外小学教育的一个重要趋势。正面管教有个常见的情绪管理工具叫"积极暂停角"，让孩子面对不良情绪时学会冷静下来。由于年幼的孩子认知能力有限，因此建议儿童四岁以上再使用积极暂停角（低龄的儿童可以使用愤怒选择轮）。父母可以和孩子一起来创建积极暂停角。选在什么地方？放些什么东西？如何给积极暂停角取一个好听的名字？和孩子一起进行头脑风暴。

不仅父母可以在家里引导孩子布置积极暂停角，老师也可以在学校为全班同学建立一个积极暂停角。我们的正面管教讲师林欢老师，就在她的三年级班级里进行实践，她发现班级里的"冷静空间"使用率并不高，就进一步进行了优化。在刚刚公开发表的一篇学术论文中，她写道："婚礼的卡号牌给了我们启示，它可以竖起来，也可以放下，正是我们需要的。同学们开始创作各自的'冷静卡'，在上面画上喜欢的图画，给它取好听的名字，写上能让自己冷静的方法等。当有同学感觉自己处在消极情绪中、需要冷静的时候，就把

冷静卡的正面翻过来；当他感到需要帮助时，可以把冷静卡竖起来。这样朋友们就可以用友好的态度，以他喜欢的方式主动陪伴他，让他的'大脑盖子'合上。"

2. 家庭会议

家庭会议是正面管教的一个综合性工具，通过家庭会议，孩子们有机会学习父母和老师们所期待的大部分品格和人生技能。由于幼儿的认知水平所限，建议父母等孩子四岁以后再进行家庭会议。开好家庭会议，重要的是把握"3+3"，即三大重要环节和三个角色（详见《神奇的家庭会议》一章）。

我们的讲师班学员小米，2017年2月参加正面管教家长讲师班的学习后，立即开始践行家庭会议。当时她的哥哥嫂嫂在深圳打工，两个侄女留守在老家，和爷爷奶奶生活在一起。两个侄女一个九岁，一个四岁，在差不多一年的时间里，小米每次回老家都带着侄女们进行正面管教家庭会议，营造更好的家庭氛围，后来家庭会议成了孩子们非常期待的活动。

她们的家庭会议中有个主题是：我想要个什么样的家？我可以为家里做什么？孩子们可以用画画的方式画出来。大侄女的分享特别令人感动，她说："我可以帮忙做家务，比如扫地、洗碗、洗衣服、擦窗户，每天都愿意。"她每餐吃完饭就洗碗，自己主动完成，不需要别人提醒。

在一年多的时间里，每次回老家，小米都带着侄女们进行正面管教的家庭会议，她发现孩子们的表达能力越来越强，也变得越来越自信了。孩子们非常期待家庭会议，这成了她们一家人的"特别时光"。

后来，侄女们回到爸爸妈妈的身边，一家人在深圳团聚。她们的妈妈向小米反馈，侄女们很懂得感恩，这都要感谢小米和她们一起召开的家庭会议。

从2017年起，小米一直在践行家庭会议，她除了和侄女开家庭会议，也在自己的小家庭里开家庭会议。会议的议题非常实际、具体，包括：

☆大家怎么做可以让早上的时间不那么紧张，可以开心地开始一天的生活？

☆零花钱应该如何支配？

☆家里怎么摆放看起来会更温馨、整洁？

☆如何使用压岁钱？

☆如何帮助女儿独立睡觉？

我们讲师班学员黄瑛老师，在新冠疫情期间为了和孩子协调如何上好网课，开始了家庭会议，现在已经召开40多期了。她的儿子很喜欢妈妈学习的正面管教，一些正面管教金句能脱口而出，我们都亲切地称呼他为"正二代"。黄瑛在金融行业里从业

20多年，是一名高级理财规划师，因此，在她家里，"零花钱如何使用"是家庭会议怎么也绕不开的话题。他们还别出心裁，在家庭会议中增加了一个环节，就是每周固定为孩子发放零花钱。

3. 约定

和幼儿相比，小学儿童变得更加独立了。这一时期，儿童由之前受父母的完全控制，成长到逐渐可以控制自己的日常行为。因此，这一时期又被视为父母和儿童共同控制行为的共同约束时期。

有一个正面管教工具就叫做"约定"，指的是父母和儿童达成有效约定，并且跟进执行。如父母可以和孩子就写作业、使用手机、做家务活等事项达成约定。

参加我的正面管教家长工作坊的一位朋友向我反映，他的孩子上小学没多久，对家长制订的规则有些抱怨。家长希望孩子放学回家后先写作业再吃饭，饭后在小区楼下玩。但孩子发现饭后就没有小朋友出来玩了，于是要求先玩再写作业。家长感到为难，问我该怎么办。我说："你可以让他按照自己的方案试试看，看看有什么感受。"错误是学习的好机会。孩子试了试，发现也不行，因为这样的话，作业都会拖到晚上很晚才能完成，他也不愿意。后来，家长和孩子协商，孩子放学后可以先在小区里玩一玩、放松一下，时间不能太长，然后回家写作业，到晚饭时间没有写完的作业留待饭后完成。

这样"共同约束"，让父母为孩子提供原则性的行为指导，儿童可以控制自己的日常行为，为将来过渡到青春期做好准备，同时又受到了支持和保护。

和孩子约定的三部曲：

（1）共同讨论。父母和孩子就某一事件（如写作业、使用手机、做家务）分享各自的想法和感受。

（2）头脑风暴。用头脑风暴的方式提出解决方案，不评判、不指责，选择一个大家都同意的办法去实践。

（3）确定时间期限。限制一个时间，具体到分钟。如，每次使用手机的时间是30分钟，晚上7点开始写作业，等等。

小练习　家有学龄期的孩子，你会用哪些方式来帮助孩子提升自信心？你的孩子有哪些优势，你可以列举出几条吗？

青春期孩子的正面管教：赋予孩子自主权

> 青少年比看起来更需要你……现在的他们：一半是自由的寻求者，一半是胆怯的孩子。你现在需要做的：让他们为将来独立奋斗走向成功做好准备。
>
> ——乔希·西普《解码青春期》

说起"青春期"这个词，你会联想到什么呢？可能会想到叛逆、不听话、冲动、躁动、早恋，等等，也可能会想到青春、阳光、自由、有朝气，等等。青春期是人生中的特别时期。就好像初生的小鸡总要从鸡蛋里破壳而出一样，青春期是我们从童年期过渡到成人期必然经历的一个阶段。

有些父母也许会产生疑问：自己好像没有经历过什么青春期挑战啊，更别说孩子的爷爷奶奶那一辈了。这到底是怎么一回事呢？要知道，青春期这个术语，是工业革命之后才开始使用的。以前的划分是直接从童年到成人，现在的时代需要大量的学习准备才能进入社会，于是有了青春期这种说法。青少年在这个阶段要继续接受教育，学业完成后才正式开始成年阶段。在心理学家眼里，青春期是人类进化的一个阶段，充满了动荡和混乱。新近的脑科学研究成果也证实了青春期发展的特殊性。

青春期孩子的年龄特征

青春期是处于儿童期和成年期之间的一个发展阶段，一般开始于10岁左右，结束于20岁左右。青春期又称为青少年期，这是一个过渡时期。青少年不再被看作儿童，但也还算不上是成年人，他们处于半独立半成熟的时期。

这一阶段，青少年迎来了第二次生长高峰。据统计，在青春发育期，个体每年至少要长高6~8厘米，甚至可达到10~11厘米。第二性征的出现，使得青少年越来越有少男少女的模样。

青少年会越来越追求独立，这种独立性也是大脑变化的结果。他们的大脑皮层沟回组合完善，神经纤维完成髓鞘化，意味着神经传导信息更加精确、高效，这为青少年进行复杂的智力活动打下了基础。

在青春期，前额叶皮层迅速发育，大约在25岁左右完全发育成熟。前额叶皮层负责着高级的心理功能，如自我意识、人际关系、道德感等，也是负责调节和控制冲动的脑区。由于前额叶尚未完全发育成熟，青少年也容易出现一些危险性行为。

青少年处于皮亚杰认知发展阶段的形式运算阶段（12~15岁），在这一阶段，青少年发展出抽象思维能力，思维不再局限于具体的形式。而在此前，儿童只能解决具体情境中的问题。

从埃里克森的人格发展理论来看，青少年正处于"同一性对同一性混乱"阶段（12~18岁）。早在两岁左右，儿童出现过一次自我意识的飞跃期，最重要的特点是儿童可以用代词"我"

来表示自己了，但直到青少年时期，个体才第一次有意识地回答"我是谁"的问题。同时，青少年还要作出种种尝试性的选择，直到致力于某一生活策略，获得某种同一性，他们就长大成人了，反之，则会陷入同一性混乱之中。20岁左右是建立同一性的关键时期。

青春期孩子的主要养育任务

1. 真正地理解青春期孩子

有时候我们会看到，一个从小乖乖听话的孩子，在青春期的时候变得叛逆，爱发脾气，甚至对父母大吼大叫。青春期是个体发展中的第二次生长高峰，第一次生长高峰在婴儿出生的头一年，那个时候，婴儿身体发育和心理发展都是快速的，因此是相对平衡的。但青春期的孩子身体发育十分迅速，而心理发展速度相对落后，因此是不平衡的。青春期孩子可能在个头上已经远远超过爸爸妈妈了，但他们的很多行为还非常幼稚。青春期孩子的身心处于这种不平衡状态，会引起种种心理发展上的矛盾。因此，青春期也常常被称为"暴风骤雨时期"。

一方面，青春期孩子的独立意识越来越强烈。另一方面，他们又希望在有需要的时候得到父母的帮助，只是他们依赖父母的方式和过去相比有所变化，这是孩子在逐渐进行"心理断乳"。青春期的孩子面临的最主要的发展任务就是"个性化"，他们对各种事物开始有自己的感受和思考，要逐步从原有的家庭中分离出去。这个过程就像"破茧成蝶"——经过痛苦的挣扎和不懈的努力才能化为蝴蝶。这一"个性化"过程，有些孩子开始于

10～11岁，而有些孩子开始于18～19岁。

我们必须努力了解青春期孩子的这些心理特点和需要，才能真正地理解他们，并调整我们的养育方式。

2. 和青春期孩子重新建立连接

孩子进入青春期后你会发现，以前那个和你亲近、甚至有些黏人的孩子突然变了，一回到家就把自己关在房间里，开始有了自己的小秘密。我还清楚地记得，女儿刚上初中的时候，她的QQ空间突然不对我开放了。

很多父母为此感到非常苦恼：我的青春期孩子为什么不愿意和我沟通了？我们要意识到，这就是青春期孩子的特点，是一种"适宜性行为"，不是针对你的。

对青少年而言，同伴关系要优先于家庭关系。这一点可能让很多父母一时半会难以接受。但是，孩子进入青春期最明显的标志之一，就是特别在乎是否被同龄人群体所接受。很多父母看到青春期孩子不愿意和自己沟通，就特别生气，也特别想要去控制孩子。要知道，这个时候的亲子关系仿佛处于"破铜烂铁时代"，而孩子的同伴关系正是"黄金时代"。

如果我们能理解到这一点，避免权力之争和批评，等到青春期孩子成年以后，他们将成为你最好的朋友之一。我女儿在青春期的时候也和我有很多矛盾，但现在长大成人，她已经成了我的好朋友，她亲切地称呼我为"老妈同学"。

3. 支持孩子自我探索

青春期孩子需要自主，他们有强烈的欲望，要搞清楚自己能做什么。父母常常会认为这是对自己的一种挑战，因此陷入权力之争。比如，孩子想和同学出去旅行，父母会因为担心安全问题而反对。关键在于，如何以尊重的方式支持孩子去探索，从而帮助他们获得重要的人生技能。

依据埃里克森的人格发展理论，青少年期是一个人形成同一性的关键期，他们需要进行自我探索，需要积极的投入，才能逐步完成自我同一性的建立。这个时期也是人生规划的探索时期。

我不禁想起了女儿在高中时期上的一个兴趣班——主持人培训。女儿小学的时候就说将来长大了要当主持人，我没有太当回事。考上高中后，女儿又惦记起她的主持人梦想了，还埋怨我不够支持她。我马上认真起来，帮她联系上了老师，专门为她进行青少年主持人的才艺训练。

女儿的闺蜜是女儿在初中时最要好的朋友，听说女儿要参加这个兴趣班，就跟着一起来了。虽然是和一群小学生一起上课，但女儿也没觉得有什么别扭的。她还说，那些小学生学的时间长，基本功扎实，从他们身上学到了不少。因为热爱和坚持，女儿和她的闺蜜进步很大，她们分别在自己的学校里脱颖而出，主持了一些大型活动，表现挺不错的。

这个兴趣班每周上课1～2个小时，女儿从高一到高二整整上了两年。要不是高三学习紧张，她还想继续学的。学到一定程度时，老师告诉她们，学主持人也可以考虑走专业道路的。女儿认真思考后，决定不走主持人的专业道路。女儿的闺蜜当时考上一所普通高中，文化课成绩不太理想，通过这个兴趣班，她找到了自己的优势，决定走专业道路，后来还专门去广州学习。她独辟蹊径，去考粤语主持人方向，最后还考上了重点大学。

无心插柳柳成荫，女儿的兴趣班最终成就了闺蜜的专业选择。幸运的是，她们在这个过程中都有了积极的思考和探索。女儿上大学后，参加了学校的主持人团的社团活动，还担任了大型活动的主持人。做主持人，成了女儿的兴趣爱好。

青春期孩子适用的正面管教工具

1. 倾听

青春期孩子吐槽最多的就是家长的唠叨。家长们也发现孩子上初中后变化很大，开始嫌家长唠叨，多说两句就不耐烦；以前遇到什么事儿都愿意问家人意见，也会分享每天发生的趣事，现在却啥也不愿意说，怎么办？

青春期孩子带给父母最大的挑战之一，就是他们不愿意和父母交流。家长们可以扪心自问，我们真的是在和孩子交流吗？为什么孩子更多地是接收到父母的说教和唠叨？从某种意义上来说，他们已经关闭了和你沟通的心灵大门。新加坡电影《小孩不笨2》道出了孩子们的心声："大人经常以为，和我们说很多话就是沟通了。其实他们都是自己讲，自己爽，而我们通常都是假装在听，然后一边进，另一边出。我们到底有没有听进去，他们不管，只要他们有讲，就算了。大人说那么多话，为什么不明白多了就很难消化的道理呢？"

青春期父母最基本的修炼就是学会闭嘴，学会倾听。正面管教工具卡"倾听"也在提醒着我们："在孩子们感觉被倾听后，他才会听。"我有位朋友，也是我的正面管教家长工作坊学员，她家的大儿子13岁了，刚刚上初中。有一次，儿子的考试成绩出来了，不理想。她是一名数学博士，看了看试卷，觉得孩子的数学思维有些问题，就问孩子是否要她指导一下数学的学习方法？孩子不但不乐意还很生气。于是，两个人就开始闹情绪，互相不理睬。我的朋友感到很疑惑，她说："他没有考好，我没有打他骂他，还主动来帮他，为什么他还这么生气呢？"我对她说："孩子没考好，心情自然不好。你急着去解决问题，时机还不到。虽然你没有打他骂他，但潜台词是'你不行，我来帮你才行'。现在最重要的是，先修复和孩子的关系，不妨多听听孩子的想法和感受，良好的关系胜过良好的教育。"

过了一段时间，我的这位朋友又和我分享她的故事。这一次，儿子打电话对她说："下星期就要考试了，突然发现很多东西都不会，我感到很着急。"朋友就认同孩子的感受，说："你看上去很着急，也很难过。你想怎么办？"孩子告诉她："先自己解决，不会的问问同学。"朋友回应道："那很好啊。"孩子继续说："但是我还有一些不懂。"朋友就问："你需要我帮忙吗？"孩子说："需要！周末回家的时候，你帮我把知识点理一理。"朋友说："好啊。"母子俩的沟通非常顺畅，朋友的先生知道后，也大为惊讶，说这次母子俩没有着急上火了。

让我们通过"倾听"来找到打开青春期孩子心灵大门的那把钥匙吧！

学会倾听的技巧：

（1）先倾听孩子的感受和想法。孩子们感觉被倾听后，他才会听。

（2）借助提问来更好地倾听。可以问一些启发式的问题：

"能具体说说吗？""还有吗？"

（3）当青春期孩子愿意和你交流的时候，多听他说，当他不愿意和你交流的时候，不要强迫他。

（4）怀着一颗好奇的心，走进年轻一代的世界，即便你还无法理解他们的行为。

2. 赋予孩子自主权

随着身体的发育和大脑的成熟，青春期孩子要求独立的意识越来越强了。即使父母不把权力交给孩子，孩子可能也会明里暗里地拿走这些权力。

如果将孩子的人生比作一辆汽车，那么孩子自己才是这辆车的驾驶员，父母充其量只是副驾驶。如果一个副驾驶总是颐指气使地去指挥驾驶员，甚至恨不得夺过方向盘来自己开车，这会是件多么危险的事情！因此，父母参与孩子人生的方式，不应该是控制他们，而应该是"赋予孩子自主权"。这个正面管教工具提醒父母："与孩子分享控制权，以便他们发展出掌控生活所需的技能。"

很多父母喜欢对孩子的事进行包办代替，替孩子做他们自己能做的事情。他们站在孩子和人生体验之间，希望最大程度地减轻选择所造成的"后果"。在我们的生活中，最典型的大概就是很多父母充当了孩子上学的"闹钟"，即使孩子十几岁了，父母也要负责叫孩子起床。父母说，你不叫他，他就不起来的。于是，为了叫醒孩子，来来回回需要几轮拉扯。

赋予孩子自主权则是父母不再站在孩子和生活体验之间，但要随时在旁边给予支持和鼓励，学会做一名好的"副驾驶"。赋予孩子自主权，能让孩子练习从错误中学习，并增强他们的"能力肌肉"。

女儿上初中的时候，我给自己一个明确的限制——不干预女儿的学习和生活，只是在她需要帮助的时候，想办法提供相应的资源。在历史课的活动中，老师要求同学们进行历史服装的制作和表演，每个小组选择不同朝代的服装。女儿问我在哪里可以买到布料，我顺便问她，需不需要找裁缝来做衣服，她说不用。原来她和同学们就是去买块布，在身上比划一下，粗粗地缝上几针就好，有时直接用夹子夹。这倒有趣！女儿是她们小组的模特，我又问她是否要找我的舞蹈老师朋友来指点一下台风？她同意了。于是一天下午，我的朋友指导女儿如何走模特步，如何展现笑容，女儿在舞蹈室里一遍一遍地练习着。看着她笑盈盈地迎面走来，充满了自信，我感到非常高兴。

3. 放手

孩子到了青春期，有些父母显得无所适从，还在沿用以往对待小孩子的方式来对待青春期的孩子。这样的养育方式是由于父母内心恐惧，不敢放手，担心放手会给孩子造成永久的伤害。然而，基于勇气的养育则意味着要面对恐惧，放手并允许青春期孩子犯错误，还意味着要花时间教给孩子技能，而不只是一味地批评和解救。

基于恐惧的养育和基于勇气的养育，最核心的差别在于，你是否真的信任你的孩子。当然，对孩子的信任，也是基于从孩子小时候开始就花时间训练和教导他们。美国作家盖瑞·艾卓曾提出"漏斗式教育"的理念，即：在早期给孩子很少的自由，因为那时他们还没有成熟到可以掌控那样的自由；随着孩子责任感的增强，父母逐渐放宽限制，给予更多的自由，直到孩子成为青年乃至成年人。也就是说，父母给孩子的自由要与孩子能承担的责任匹配，随着孩子年龄和能力的增加而提升。一次次适当的放手，就是培养孩子不断成长、承担责任的过程。

我们的正面管教讲师班学员小夏老师，在2021年第五届佛山正面管教年会上分享了"家有青春期孩子"的故事，真切感人。

她说：儿子初三的时候，犯了一个我认为算是比较严重的错误。他嫌自己的手机不够好，玩游戏速度很慢，就偷偷在网上买了一台新手机，为了不让我们发现，就不断地用谎言来掩饰。我和他爸根据蛛丝马迹还原了整个过程之后，对他失望到了极点。那段时间，我们天天晚上坐在一起琢磨怎样跟儿子谈论他所犯下的错误。我下载了"樊登读书"，和他爸一起听《为什么我的青春期孩子不和我说话》《解码青春期》《陪孩子终身成长》，又找出《十几岁孩子的正面管教》来看，想先尝试从孩子的角度去思考这件事，寻找正确的原则和沟通方式。书里提到："孩子经常撒谎，是因为他们爱你，想保护你。他们想做自己能做的事情，而不伤害到你的感情。还有些时候，他们撒谎是为了保护自己——免于听到你的难听看法以及可能做出的恶劣行为。"最后，我们决定不主动拆穿他的谎言，继续表现出对他的信任，并强调，即使他犯了很严重的错误，我们依然会爱他。儿子感觉到了我们对他的宽容和尊重，慢慢地自己把事情解释清楚了，也承认了自己的错误。在这个过程中，我们和儿子都成长了，也因为这件事，儿子和爸爸的关系好了很多，总有说不完的话。

关于"放手"，还有一个重要提醒，值得青春期孩子的父母好好思考，那就是要有自己的生活。你注意到了吗？有些父母全部的心思都在孩子身上，天天围着孩子转，根本没有自己的生活和娱乐。到底是你的孩子更需要你，还是你更需要你的孩子？

在每一期"青春期孩子的正面管教"工作坊里，我都会和父母们分享两个简单实用的方法，一个是"学会闭嘴"，另一个就是"照顾好自己"。家长不应把所有的目光都聚焦在孩子身上，而应该拥有属于自己的生活，有自我成长的空间，有积极向上的生命状态，这些就是对孩子最好的影响。

小练习 作为孩子人生汽车的副驾驶，你愿意提供什么样的支持和帮助？你会选择哪些方式和青春期的孩子进行情感连接？

一个成长案例的反馈

我的一位研究生同学，她有两个孩子，几年前她的女儿正处青春期，和父母的关系闹得非常紧张，儿子尚年幼。为了改善和女儿的关系，她和先生专程从深圳来到佛山向我咨询。去年9月，她的女儿考上了一所985大学，儿子也成长得非常好，朋友们纷纷向她取经，她总结了一段话发给他们，同时也发给我表示感谢。下面是她发来的文字。

几年前接触正面管教时，正值姐姐（我的大女儿）青春期。面对初中复杂的课程、身边非常优秀的同学、青春期身体的快速变化、手机游戏和小说的诱惑等，孩子觉得有些力不从心。加上年幼的弟弟占用了父母很多精力，她有时候会心烦意乱，回家发脾气，周末就玩手机、画画……我们知道这些都是她发出的信号："我需要更多的爱和关注！"

我们特意咨询了我的同学、心理学专家、正面管教导师蒋莉博士，彻夜长谈之后，我们决定将亲子关系放在第一位。我们通过写信、写纸条、发短信、爱的抱抱、鼓励的言语等各种方式跟她沟通，带着弟弟一起接送她上学，带她出门旅游，建立爱的连接，帮她渡过难关；她情绪激烈的时候让她尽情宣泄，让她知道，家是永远的避风港；在学习很紧张的情况下，我们仍然支持她的各种爱好，比如画画、弹琴、羽毛球、足球、汉服，一直相信她能够平衡好学习和兴趣；在她成绩最低迷的时候鼓励她、安慰她，让她可以直面失败和挫折，以积极、平和的心态对待成绩。

在经历了初一下学期和初二上学期将近一年的磨合后，我们和孩子都慢慢成长，这些经历让我们得以平稳度过高中三年。选科时我们也充分尊重孩子的意愿，虽然我们很想让她学文科（她的历史成绩不错），但是她坚定地选择了理科。实话说，我们心里是忐忑不安的，毕竟高考分数直接关系到升学，但是我们最终还是保持一致，无条件支持，百分百信任。

有了前几年的铺垫，再加上一位非常负责的班主任的引领，在别人看来煎熬的高三，对女儿来说却变得相对轻松，她的心态一直比较平和，大大小小各类考试都可以淡然处之，保持自己的复习节奏，在高考中正常发挥，取得了不错的成绩。

有了姐姐的经验积累，弟弟这边就顺利很多，"和善而坚定"成为我们一直坚持的原则。犯错是成长过程中必不可少的经历，尤其对男孩子，父母要更多包容，不焦虑、不忧郁。孩子可以有脾气，可以淘气，但是发完脾气还是要完成该做的事情。对孩子不娇惯，不纵容，自己的事情让孩子自己负责，过程中不轻易打扰。培养孩子良好的学习习惯和生活习惯，比如收拾玩具、做家务、完成作业这些事情，都鼓励孩子独立完成。让孩子从小有责任心，有任务意识，有担当。

大学生的正面管教课堂：走向社会第一课

> 即使在工程行业等技术为先的行业，个人的成功也只有15%是源自专业能力，另外的85%则来自"人类工程学"，即人格特质和领导力。
>
> ——卡耐基《人性的弱点》

社会情感学习（social emotional learning，SEL）是国际非营利组织CASEL发起的项目。社会情感学习早在20世纪末就作为同语文、数学一样的基础学科，在美国的幼儿园到高中普及。现在全球有140多个国家都在实施，覆盖数万所学校。

社会情感学习的五项核心技能是：

☆自我意识（self awareness）；

☆自我管理（self management）；

☆社会意识（social awareness）；

☆人际关系技能（relationship skills）；

☆负责任的决策（responsible decision making）。

研究发现，有较强社会情感技能的孩子，往往有较好的学习成绩，并且可以学习到良好的社会行为技巧，减少与朋友及家人的冲突。拥有较强社会情感技能的孩子，会交到更多的朋友，这对于他们融入集体、激发学习兴趣尤为重要，同时也能够减少其孤僻及离群行为。SEL课程能够帮孩子获得更加完整、幸福、成功的人生。

正面管教在SEL方面也有具体的课程，主要围绕"正面管教班会"展开，用体验式学习来培养学生社会情感学习的五大核心技能，解决学生在学习和生活中遇到的实际问题。正如《正面管教学校讲师指南》在开篇中提到："正面管教把教授社会情感技能和培育品格发展融入学校生活的每一天。"

2018年，我开始在大学开展正面管教班会活动，2019年，还专门开设了正面管教SEL选修课。通过实践，我发现正面管教SEL课程很适合大学生，对他们的成长非常有帮助。

为什么要在大学里开展SEL

2015年5月访学回国后，我就思考着如何把正面管教SEL课程应用于实践。我开始走进中小学校，为教师们举办正面管教讲座和班主任培训。2018年4月，我来到佛山市南海区西樵实验小学，在三年级的一个班里开设了系统的正面管教班会课，这个过程中我对正面管教SEL课程也有了更深、更全面的理解。

同年9月，我担任了学校2016级工商管理2班的班主任。由于大类招生，经管学院的学生在大三才开始专业分流，成绩好的学生大多选择了比较热门的国际贸易和会计学等专业，类似"万金油"的工商管理专业成了不得已的选择，落到这个专业的学生为此感到很自卑，情绪低落。同时，原有班级的宿舍并没有重新调整，平时上课也是三个班合班上课，很多同学甚至不知道自己的新班级到底有哪些人。因此，工商管理班的同学普遍缺乏价值感和归属感，让我有些心痛。

于是，在常规的班会活动中，我尝试着融入一些正面管教的活动，比如"我们的约定""班级分工"。这种体验式活动很快就得到了同学们的认可，"致谢"活动拉近了同学们的距离，营造了和谐氛围；围坐成圆圈，更是收到了意想不到的效果，他们说："终于看清了其他同学的脸，知道谁是同班同学了！"

在一次团日活动中，团支书特意向我申请，要求开展正面管教班会作为特别的团日活动。当时跟班检查团日活动完成情况的师兄师姐们，看到我们的班会活动都投来了羡慕的眼光。

在随后的班会活动中，我都会增添一些正面管教元素。体验式活动"动物王国"让他们生动地体验到了尊重差异的重要性；新学期开学的"鼓励圈"活动给他们带来了无穷的动力。这些活动得到了同学们的认可和喜欢，班级也逐步有了凝聚力。

通过班级的常规班会活动，零星散点地运用一些正面管教技术，就有了这么多的收获，这让我对大学SEL课程充满了信心和期待。

另外，大学生普遍存在着一定程度的心理困扰，近年来，越来越多的学生说自己是"社恐"，害怕和人打交道，缺乏沟通技能。面对学业、人际和社会，大学生遇到了很多实际问题，压力很大，他们迫切需要提高解决问题的能力和人际交往能力。于是，2019年2月，我在学校开设了一门选修课，系统地教授正面管教，培养学生的社会情感能力。

如何在大学开展SEL课程

1. 课程设计的总体框架

大学里有一种校选课，是面向全校不同专业的学生开设的，教师申请并填写相应的课程资料（如课程大纲、课程简介），学生们自由选择，只要选课人数达到最低人数要求，就可以开课。

为了引起学生的学习兴趣，我打算给SEL课程取个好听的名字，如果直接叫正面管教，学生不理解，难免困惑。既然课程的主要内容是社会情感学习，就不妨将课程名字定为"情商领导力"。一来，"社会情感能力"通俗地说就是情商；二来，领导力是大学生需要重点培养的能力。国外的童子军活动中，高中以上的学生就是侧重于领导力的培养。相关研究也证明了情商对领导力的影响很大。

整个课程的框架就是围绕"正面管教之屋"来设计的，先为学生打下理论基础，再开始正面管教班会等核心技能的学习和练习。主要内容就是参考《正面管教学校讲师指南》带领学生做的互动活动，具体包括"概述、行为的冰山模型、有意义的工作、情绪管理、人际沟通、相互尊重、建立合作、尊重差异、关注解决方案、正面管教班会"等。

我们的校选课，统一的课时是32课时，每周一次，每次2课时。因为是体验式教学，为了保证效果，我限定了学生数量最多36。这个课程很受欢迎，8分钟之内就选满了。

2. 课程结构

面向大学生的选修课程，比较重视课程的逻辑性。我设计的大学SEL课程主要由四个部分组成：热身活动、理论短讲、体验式活动、课后作业。"理论短讲"，顾名思义，要讲一些理论的内容，但不能太多。每次课后都布置了作业，让同学们去实践。

比如，"积极暂停角"相关内容的作业就是让学生自己去布置积极暂停角，并说明是如何布置的、有什么感悟，至少500字。通过这些作业，可以更深入地了解学生的想法和感受。

关于"错误目的表"，我布置的作业是"使用错误目的表去鼓励他人，用文字表达出来，至少500字"。通过作业可以看到学生对"错误目的表"的实际应用情况，有的同学能用比较有效的方式去鼓励身边的同学，也有的同学还没有真正理解"错误目的表"，他们没有以自己的感受为线索，而是直接去推测别人行为的错误目的。那在接下来的课堂里，就可以针对作业情况进行反馈，帮助同学去理解。

班会议题的课后作业是：你希望通过班会解决的问题是什么？要求每位同学填写"议程讨论事项"。集中所有人的问题，在班会环节集中讨论。

3. **具体实践**

在课堂上，可以将学生分成多个小组，每组4~8人。教师需要准备的教学工具包括：课程PPT、大白纸、彩笔和相应的课程道具。

（1）让学生围成圆圈

正面管教班会需要学生围坐成圆圈，教师也在其中，这样可以使大家处在同一个视线平面上，体现出平等和尊重的理念。班会时长控制在30分钟以内效果最佳。

如果场地存在限制，桌椅无法搬动，教师就需要提前观察场地环境，因地制宜调整形式：可以向学校申请能够灵活移动座椅的场地（如团体心理辅导室），也可以让学生站着围成圆圈等。为了达到满意的效果，可以提前向学生解释，说明我们围成圆圈的目的，并跟学生沟通，寻找师生都能接受的实施办法，此时沟通的过程也是教师应用正面管教的机会，可以让学生在课程的全过程中体会到正面管教的尊重和平等。

（2）有意义的工作

对于大学生，"有意义的工作"不仅是把课上的工作任务安排好，更要锻炼学生走向职场、步入社会的能力。教师可以提前布置作业，以小组为单位进行头脑风暴，罗列"教室的工作"事项，并进行具体描述。除了常规的角色，如班长、学习委员等，同学们还想出了很多的角色，如主持人、摄影师，甚至捧场王！

可以让同学们事先准备工作申请和面试指南，上课时每两人一组，轮流进行模拟面试。每一轮结束后进行小结、反馈。讲师指南里的工作面试问题有："我们需要建立一种团队合作氛围，你认为在哪些方面能体现你是一个具有团队精神的人？""给我们一个例子，在哪些情形下，你展示了自己的领导力、解决问题的能力或团队合作的能力？"这就是招聘中的"行为面试"，可以在前面的课时提前补充这方面的内容，教给学生行为面试的STAR技术[1]。这对于他们今后去应聘也是非常有帮助的。

模拟面试后，在全班范围内认领工作，每位同学主动认领，

----

1 STAR 指：情景（situation）、目标（target）、行动（action）、结果（result）。

做自我介绍并发表感言。认领了"主持"工作的学生，可以主持接下来的环节；认领了"摄影师"工作的学生，就可以马上开始为大家拍照。有些工作不止一个学生认领，可以组建一个工作团队。同学们的积极性很高！

校选课的班级是一个临时班级，同学们来自不同年级、不同专业，通过这样的活动，大家更加熟悉和了解他人，找到了价值感和归属感！

（3）致谢

作为中国人，我们普遍对"致谢"感到难为情。在我们的文化中，常言"大恩不言谢"或者"区区小事，不足挂齿"。似乎无论大事小事，都没有致谢的空间了。因此，这个环节常常需要进行大量的练习。

第一次练习"致谢"，我让每位同学分享他们自己希望被感谢的事情，然后由坐在他左侧的同学对他表示感谢。进行这个活动时，由于班级刚刚建立不久，大家相互熟悉的程度还不够。为了帮助同学们准确地喊出身边同学的名字，活动开始前，可以让每位同学拿一张心形的不干胶，写上自己的名字，贴在胸前。这样，同学们可以开心地喊出对方的名字并致谢。

还有鼓励同伴活动，我让学生在课堂上找个搭档，先练习使用鼓励的三种句式（具体参看《如何有效地鼓励孩子》），然后布置作业，让他们互相鼓励一周。下次班会致谢时，可以对同伴进行鼓励，通过这样的活动安排，把课堂内外衔接起来。

每次班会都会有致谢环节，致谢的频率比较高，如果总是采用同一种形式，难免会感到厌倦，因此需要变化方式。例如：给每位同学发一张便利贴，让他们把感谢的话先写下来，贴在事先准备好的海报上，然后大家再围圈致谢。这样同学们有了提前思考的空间，避免了尴尬，为班会的顺利开展营造了良好的气氛。

（4）开班会

为了开班会，我们做了充分的准备，从基础部分到核心技能，每个活动基本都做了一遍。同学们学会了致谢和沟通的方式，养成了头脑风暴和关注解决方案的习惯。课上我们开了四次班会，班会议题是由每位同学填表收集而来，同学们普遍反映最多的是宿舍问题。大学里没有统一熄灯时间的规定，同一个宿舍里有人睡得早、有人睡得晚，作息时间不一致。有人定了早起的闹铃，没有把自己吵醒，却总是把舍友吵醒。有的同学晚上12点要睡觉了，舍友还在大声打电话，或者打游戏开外放。因此我们就选了宿舍作息时间的问题，作为第一次班会的议题。

通过之前的演练，同学们学会了头脑风暴的主要原则，允许每个人提出自己的想法和建议，保持倾听的态度，不评判，不打断。大家尽量遵照解决问题的3R1H原则去提建议，即使不符合实际（比如每人单独用一间宿舍）也没有关系，主持人都一一记录下来，对每条建议按照解决问题的3R1H原则梳理一遍，然后请这位求助的同学选择一个解决方案，比如"睡觉前，跟舍友打招呼说'我要睡觉了'"。我当时也心存疑惑：这个办法管用吗？在第二周的班会上，这位同学反馈说，这个方法真的很见效！睡觉前，他大声地和舍友打招呼："我要睡觉了！"结果发现，舍友们很体谅，在他说睡觉之后自觉关上宿舍的大灯，放低声音，尽量保持安静。之前他没有"广而告之"的提示，舍友们也不知道他准备睡觉了。学生用自己的方式有效地解决了实际的问题。

班会的议题来自同学们遇到的实际问题，通过这个过程，我们实实在在地解决了一些生活中的问题，也帮助学生养成了解决问题的习惯。有些同学把班会的模式带到宿舍里，开宿舍会议；在社团或机构担任负责人的同学，把正面管教班会引入到他们的部门里，开部门会议，都收到了很好的效果。

收获和感悟

1. 我的收获

（1）开好正面管教班会，打好基础格外重要

先后在小学开展了24学时的正面管教班会课、在大学里开展了32学时的正面管教班会课后，我最大的感触是，一定要先打好基础，不能看到正面管教班会的效果好，就急于召开班会。系统的正面管教班会课至少要24学时，才能有足够的时间来完成一系列的活动，真正出效果。培养社会情感技能，是需要花时间来训练的。

（2）正面管教班会活动，适合大学生群体开展

很多人存在一个误解，以为正面管教SEL的这些活动都是针对低龄儿童的，不适合年龄大一些的学生，更别说是大学生了。实际上，我的教学实践证明，这些活动非常适合大学生。有一次，几位来自企业的工作人员来旁听课程，当时我们的正面管教班会课正进行到"错误目的和我们"这个活动，我先让同学们进行头脑风暴，列举集体环境中的不当行为，同学们说了很多：拖延、迟到、挑剔、打断别人说话、抬杠、不参加活动、不顾及他人感受、一问三

不知、不合作，等等。课后一起座谈时，几位工作多年的职场人士说：大学生描述的这些不当行为，在工作场所中也一样发生，这样的课堂训练对大学生将来走向社会非常有帮助。他们还感慨，这个课程真是太重要了。这些学生是多么的幸运！

有位朋友在大学当辅导员，也是正面管教讲师，学院指派她给班主任和助理班主任做《关于正面管教在学生班会上的应用》培训，她感到有些为难，不确定这些活动是否适合大学生。我和她分享了我的经验，她吃了定心丸，顺利完成了这个培训，效果很不错。

我们的SEL课程也引起了香港导师黄璐璐的兴趣，她特意从香港地区过来观摩，希望把这些做法和经验引入香港地区高校。

2. 学生的收获

我给学生布置的期末小论文是：谈谈你对课程印象最深刻的内容。如何行动、改变？学生印象最深刻的有：行为的冰山模型、价值感和归属感、大脑盖子、和善而坚定、错误目的表、积极暂停、照顾好自己、快乐的加水人、开班会、致谢，等等。以下是几位同学期末论文中的摘录。

"转眼就到期末了。说实话，我很不舍，这个学期能让我提起兴趣的课就只有蒋莉老师的《情商领导力》，我没缺席过一节，因为我怕我会错过任何一点精彩的部分。在这里我认识了新的朋友，学会了团队合作，更重要的是我敢于大胆去表达自己的想法了。以前我不敢在课堂上发言，不敢面对同学们畅所欲言，蒋莉老师带动了班级活动的氛围，鼓励同学们积极发言，我才能一次又一次地发表自己的观点，如今也变得更加自信了。"

"我想说一下我印象最深刻的一课。那一课是使用'错误目的表'，很荣幸我被老师抽中来分享我生活中所遇到的麻烦。我遇到的问题和大多数人一样，是和舍友作息规律不一样的问题。我阐述了我自己的问题，老师和在场的同学都十分认真地听我讲完问题，然后每个人都拿着话筒直视我的眼睛，与我分享解决问题的方法。从他们的眼神中，我看到的不是完成一次发言的那种敷衍，而是真情实感地想帮你解决问题的关爱。这节课不仅是我体会最深的一节课，也是我上过最为感动的一节课。"

　　"这学期我印象最深刻的主题是'积极暂停角'。在上这门课之前，我没听过这个词儿，所以一听到老师这样讲，就来了兴趣。在我看来，这是一个管理情绪的新途径，这个角落是自己精心布置过的，有什么消极情绪或者过激情绪，都可以去到那里自行平复。上完这门课之后，'和善而坚定'这五个字就深深地留在了我的脑海中。"

　　"我印象最深刻的是同理心这节课，通过学习，我学会了换位思考，渐渐改掉了之前的陋习，并因此收获了很多朋友，与之前闹翻的或处在关系崩裂边缘的朋友也缓和了一些，很感谢这门课程，也谢谢蒋莉老师这么用心地教授课程。"

　　"老师每节课都是干货满满，其中我印象最深刻的主题是'感恩'，老师布置的作业是写一封信给你最想感谢的一个人。我写给了我姐姐……真的要谢谢老师给我这次机会，虽然说是作业，但是让我有理由做了一次我想做但又一直不好意思做的事，而且还得到了我意料之外的收获，拉近了我和我姐姐之间的距离。"

"我的'积极暂停角'是布置了多肉植物的阳台。在生活中遇到不如意的时候，我就会停下手中的事情，走到阳台深呼吸，让新鲜的空气充分进入体内，转转脖子，看到阳台上那些稚嫩可爱的多肉植物们，还有什么是不能够释怀的呢！在帮它们松土、施肥的过程中，心里的阴霾也逐渐烟消云散了。总之，经过一个学期的学习，我真的是收益匪浅。学到的知识必须加以运用才能产生力量，所以我会把在情商领导力课堂上学到的知识更多地运用到实际生活中去。"

"最后感谢蒋莉老师这16个星期的辛勤教学，蒋老师在每次上课前都精心准备了道具，在上课的时候也爱笑、和蔼，让同学们如沐春风。还有一点我很佩服的就是蒋老师在课上随机应变，表现出超高情商，我想很大一部分原因是她爱笑吧，这一点我也要向她学习，希望以后还有机会上她的课。最后，再次谢谢蒋老师！"

> **小练习**　你认为孩子学习社会情感技能有必要吗？你准备如何培养？如果你的孩子已经年满18岁了，他们是"新成年人"，你会如何和他们相处？

06

多元应用篇

正面管教，是一种
生活方式……

正面管教是一门发展人际关系技能的学问，不仅适用于亲子关系，而且适用于一切的人际关系。将和善而坚定的态度，融入你的工作和生活当中，活出正面管教的精神。践行正面管教，成为更好的父母，也将有助于你的职业发展和自我成长。

正面管教在班级管理中的应用

> 老师们有一个独特的优势，他们可以调动全班同学、寻求群体帮助，来调整和改进每个孩子。
>
> ——鲁道夫·德雷克斯《教师挑战》

正面管教是以阿德勒学派理论为基础的，倡导"和善而坚定""既不惩罚也不娇纵"的养育方式。阿德勒相信，孩子们既需要秩序（规则和责任）也需要自由，这样他们才能成长为负责任的、对社会有贡献的公民。

新时代呼唤新德育，中小学要想落实立德树人的根本任务，必须增强德育工作的时代性、科学性和实效性。正面管教为家长和教师提供了一致的理念和方法、独特的体验式活动和系列化的育人工具，已成为中小学班主任培训的新形式。

2015年，我走进佛山市荣山中学，为该校新任班主任举办了系列的正面管教培训；2018年受邀加入联安小学的德育品牌项目"叙事教育：让成长可见"，为该校班主任进行了为期两年的正面管教培训，这个德育项目取得了可喜的成绩，获2019年广东省教育教学成果一等奖、2023年国家级教学成果二等奖；

2019年受珠海八中集团邀请，为班主任举办了两期一天的正面管教培训；2021年受深圳海德学校的邀请，对该校的家长和班主任进行线上的正面管教培训。此外，我还为各级各类学校举办了多场2～3小时的正面管教教师讲座。2018年走进中国儿童中心，为家长和幼儿教师分别进行了正面管教培训，2022年受邀为北京大学"幸福亲师"项目进行正面管教培训。

与此同时，也有很多中小学教师参加了我们的正面管教讲师班，其中有很多班主任，他们把正面管教带进自己的工作和生活中，积极地实践。

通过这些年的实践，我们发现，正面管教在班主任工作中的应用主要有以下几个方面。

走进学生的内心，做好个别教育

班主任要关心班级中的每位学生，只有通过对学生实施个别教育，全面教育才能得以实现。关注成绩优秀学生的心理健康；不忽视成绩中等的学生；做好"后进生"的转化工作，这些一直是班主任的重要课题。正面管教的"错误目的表"可以帮助我们理解孩子行为背后的信念。我常常建议班主任把"错误目的表"打印出来，贴在办公室里，遇到学生问题时，先厘清自己的感受，然后找出学生的"错误目的"，找到学生的"心理密码"后再以相应的方式去鼓励和回应学生。在联安小学的班主任培训中，我布置了一个作业，要求参训的老师根据正面管教工作坊的实践应用撰写一篇教育故事。曾燕林老师的教育故事《让我又爱又恨的你，我该拿你怎么办》生动地展示了她应用"错误目的表"教育学生的具体过程和效果（具体内容见附文）。

在体验式活动中，可以让班主任通过角色扮演来体会学生的内心感受。记得在一次班主任培训中，进行的体验式活动是"启发式提问"，一位班主任扮演不听话的学生，四位班主任扮演者分别用"命令式"和"提问式"的风格与他沟通。接下来分享"感受、想法和决定"时，扮演学生的班主任说，他的感受比较复杂，有气愤（为什么老师总是大声斥责他），也有无所谓（反正老师不理解，就这样"破罐子破摔"了），他通过扮演学生而体会到的这些感受，让他自己感到吃惊，触动很大。这位老师从小到大都是好学生，说句内心话，对那些不听话、爱捣乱的学生感到无法理解。通过这次角色扮演，他才多多少少明白了学生内心的感受。

开好正面管教班会，培育尊重、合作的班级

对班主任来说，管理好班级，发挥集体教育的力量是工作的重点之一。中小学班主任有一项重要的日常工作就是开班会，每周一次，基本都安排在课程表里了。大多数的班会都是老师讲、学生听，多少有些流于形式。有些班会甚至成了班主任训斥学生的场合。开展正面管教班会活动、引入正面管教工具，可以帮助班主任开好主题班会，培养集体感情。

2018年，我走进一所小学，在一个班级里开展了两个学期的正面管教班会实践。后来，这个班的班主任也成为了正面管教学校讲师，继续实践。

1. 共同制定班规

在很多学校，班规是由学校或班主任制定的，贴在墙上，对学生们来说，这些班规是用来"要求"他们的，是自上而下强加给他们的，不是合作。他们熟悉班规，甚至能倒背如流，但往往没有把这些规则和自己的行为联系起来。

实际上，人们更愿意遵守自己参与制定的规则。在正面管教班会实践的第二次课上，我就开始和同学们讨论班级指导原则。先让同学们进行头脑风暴，然后对汇总的意见进行投票。在票选三个最重要的指导原则时，采用了"计点投票"的方式，给每位同学发三张可以粘贴的小圆点，然后大家排着队在自己选定的指导原则后面贴上小圆点。同学们排列有序，轮到自己粘贴的时候都很兴奋，特别是当某个指导原则的票数胜出，成为班级的指导原则时，为这个原则投票的同学更是兴奋不已，感到很自豪。

通过投票，同学们最后商定的指导原则是：互相帮助，说文明用语，课间玩安全游戏，把教室收拾得干净整洁。课后班主任告诉我，这些其实也是她所期望的。但老师要求学生做到和学生自己的主动要求是完全不一样的。这让我更加深刻地领会到：作为老师，我们是去领导我们的班级，而不是管理我们的班级。

在共同制定班规的过程中，我们还要进行总体把握：（1）学生们能明白这些规则；（2）学生们具备遵守这些规则的能力。因此，对每一条班规我们都会让学生分组讨论：我们可以如何说、如何做？这就让抽象的规则具体化，增强实操性。还可以通过小组演练，让学生练习去做。

2. 有意义的工作

"有意义的工作"是开展正面管教班会的基础准备之一，就是让学生先头脑风暴班级里需要的工作岗位，然后来认领工作。学生通过贡献自己的力量来获得在集体中的价值感和归属感。特级教师魏书生老师提出"人人有事做，事事有人做"，让学生参与班级的日常管理，就是非常实用的方法。

我进入小学实践时，班级的主要工作事项已经都安排了，于是我请学生列举他们目前在班级里承担的工作，并进行头脑风暴，想一想还有什么其他工作？比如，海报制作员、监督员、黑板管理员等，并布置书面作业"我喜欢的工作"，也让班主任对他们的工作愿望有更多的了解。

在第二个学期，已经成为正面管教学校讲师的班主任林欢老师，改变了班干部的选举方式，用这种新的方式把班级里所有的工作都"承包"出去了。同学们头脑风暴出来的工作真是五花八门，很有创意。在教室里，"黑板管理员"走上讲台擦黑板，"多媒体管理员"负责控制电脑屏幕开关，"牛奶管理员"为同学们分发课间的能量补充——牛奶，"粉笔管理员"为老师准备好上课使用的粉笔，此外还有"零食监督员""书柜管理员""眼保健操管理员"，等等。另外，同学们还成立了班级自主管理机构，有学习团队、纪律团队、体育团队、宣传团队和劳动团队。这样的分工提高了学生的服务意识，也增加了他们在学习上的热情和自信。

正如记者、畅销书作家和演讲家马尔科姆·格拉德维尔所说："有意义的工作是我们能给予孩子们的最重要的东西之一。

有意义的工作是自主的，是复杂的，是让你全神贯注的。"

3. 培养学生相互尊重、合作的能力

正面管教的班会课是体验式教学，学生们可以畅所欲言，这样的课堂其实挺难驾驭。考虑到小学的教学组织难度，我们专门成立了一个三人教学小组。第一次进行课堂讨论的时候，每个讨论小组都配了一位助教老师，但是当时的场面依然让我吃了一惊，有些强势的孩子"霸住"了小组讨论的中心，甚至用胳膊肘使劲地把别人往外推，阻挡外围的同组同学挤进来。

这一幕让我意识到，组织小学生的讨论是多么不容易，也让我更深刻地认识到，要想开好正面管教班会，让老师和学生共享权力、共同解决实际问题，就必须一步一个脚印，扎扎实实地打好基础。从共同制定班规开始，让每位同学主动认领工作，参与班级的日常管理，学会自我调节，学会倾听别人，学会尊重别人，学会鼓励别人。

谈论"共享权力"时，课堂氛围非常活跃。讨论"成人权力"时，同学们分享了现实的情况，道出了他们的心声。讨论"学生权力"时，他们充满了想象，脑洞大开，越说越欢，后来连他们自己都觉得离谱得"无法忍受"。通过开班会来共享权力，就这样水到渠成了。

要对小学生讲清楚"行为背后的错误目的"，可真够难的。我就按活动的要求讲故事，把《世界上根本没有龙》这个译本讲得绘声绘色，孩子们听得可认真了。接着把"行为的冰山"图片贴在黑板上，帮助同学们理解错误目的，结合前面的故事进行讨论，同学们参与得非常积极。通过故事，他们明白了那条龙就是在使用不当行为来寻求价值感和归属感，而我们应该用正确的方式去获得价值感和归属感。

克服了种种困难，我在这个班级完成了系统的正面管教班会课，获得了很多欣喜的收获。在最后一次的班会课上，同学们回顾以往的课堂，分享他们的收获。他们回忆起来的内容还真多：共赢、共享权力、致谢、大脑盖子、尊重他人、归属感、冷静角、选择轮、班级分工、我们的公约、关注解决方案、镜像神经元、班会议程、错误目的表、价值感、自我尊重、头脑风暴、围圈等。我惊讶于他们竟然记得"镜像神经元"，追问之下还能举例说明。

分享正面管教班会带来的收获时，同学们说："我们学会了许多，但最难忘的还是致谢。""我收获了以后处处可以用到的道理和自我情绪管理能力。""我学会了自我尊重、共享权力和选择轮。""我们学到了共享权力、共赢，还有帮助他人。""我们收获了各种可以在班级上用到的尊重他人及自己的方法。"……我看到了正面管教班会课对同学们的影响，他们分享的收获也深深地鼓舞着我，我希望把正面管教班会课带到更多的学校，影响更多的老师和孩子们。

也特别感谢这个班的班主任林欢老师，她接触正面管教之后一直在践行。在2020年佛山正面管教讲师专场研讨中，林老师做了《让每一个孩子绽放》的主题分享：她把正面管教应用于班级管理的方方面面，有意义的工作、积极暂停角、选择轮……孩子们有各种各样的创意。她也问自己：正面管教是在成就孩子吗？是的，正面管教成就了孩子，更成就了自己。她的故事感动了很多人。

在2020年佛山知行会组织的"千人同读《正面管教》"活动中，林欢老师还组织了学生家长来参加，其中有位家长主动加了我的微信，说她的孩子很喜欢我的正面管教课堂，说特别佩服我，要以我为学习的榜样。我感到特别高兴，能在孩子幼小的心灵中播撒爱的种子，真好。

2022年我应邀成为"广州市天河区正面教育校际联盟"的专家顾问，这个联盟从2016年就开始在学校中推广正面管教，构建教育生态圈，当时已有54所中小学和30所幼儿园加入这个联盟，分为七个片区，定期举办现场活动，其中很重要的一个环节就是"正面管教班会课展示"。班会主题有"如何维护同学之间的友谊""如何让小组讨论更有效""如何与父母更好地沟通""我是安全小达人"，等等。他们将正面管教理念渗透到班级管理的方方面面，切实地解决学生的实际问题，这是一件非常有意义的事情，我为自己能参与其中、陪伴他们共同成长而感到非常幸运。

提升班主任的家庭教育指导能力，做好家校沟通

教育专家苏霍姆林斯基说过："教育的效果取决于学校和家庭教育影响的一致性"。两者"不仅要一致行动，向儿童提出同样的要求，而且要志同道合，抱着一致的信念"。班主任除了做好学生的校内教育外，还要有针对性地做好家庭教育的指导工作。

可是，大多数中小学班主任在家庭教育方面接受的专业培训却少之又少。接受师范教育时学习的公共课《教育学》《心理

学》恐怕也渐渐记忆模糊，遇到学生们真实的家庭教育问题时难免感到有心无力。另外，还有相当一部分老师甚至没有接受过师范教育，在这方面的知识积累就更少了。班主任平时接受的继续教育，更多是关于学科教学和班级管理的，对家庭教育缺乏系统的学习，在教育自己的孩子时也面临诸多困扰，更别说去指导学生家长了。2021年，我为佛山高明区的班主任进行正面管教培训时，课间教师们咨询的更多是自己的家庭教育问题。因此，提升班主任的家庭教育指导能力，显得非常重要。

刘宁老师在参加我们的正面管教家长讲师班之后，迅速开展了实践。在例行的家长会上，她改变了传统家长会的座位形式，以往都是家长按照学生的座位坐在课桌前，面向黑板。现在，她把课桌搬在教室的周围，腾出空间来，家长们按正面管教班会的形式围成圆圈而坐。这种新颖的形式受到了家长们的好评。家长们感受到平等、尊重的氛围，很受感动。每次的家长会上，她都会做一个正面管教的体验式活动，让家长们体验、感受，带动家长们学习和应用正面管教。

做好班主任的自我心理建设，成为源头活水

中小学班主任的工作千头万绪，压力很大，有时会让人身心疲惫，甚至产生职业倦怠。学会自我关爱，提升幸福感，不仅能使班主任在工作和生活中保持良好的状态，更能给学生和家长以积极正向的引领。正如哲学博士、临床心理学博士克里斯汀娜·布莱勒在《自我关怀》中写道："把自己照顾好，是你对这个世界最大的贡献。"

班主任从事的是助人的工作，如果自身的状态不好，我们是很难"用生命去影响生命"的。接受正面管教培训时，班主任普遍反映，"掌中大脑"和"积极暂停"对于他们管理自己的情绪、保持心理平衡很有帮助。他们会设置各种各样的积极暂停角，如在办公桌上添一盆绿色植物，放上家人欢乐相聚的照片，或者走出办公室，把户外的一棵大树作为自己的积极暂停角，在那里让自己放松下来，处理不良情绪。

　　另外，他们会有意识地照顾好自己，如工作之余打打球、跳跳舞、拍拍照……用自己喜欢的方式让自己拥有好心情。

　　参加我们第九期正面管教家长讲师班的小窗老师，长年担任高三班主任，他告诉我：他不仅把正面管教应用在工作中，实际上正面管教理念已经融入他的价值观，成为他的行为方式。

小练习　　"培养一个孩子，需要整个村庄（社群）"，如果你是一位家长，你愿意向孩子的班主任推荐《正面管教》吗？如果你是一位班主任，你愿意尝试在自己的工作中应用正面管教吗？

让我又爱又恨的你，我该拿你怎么办

曾燕林

　　M是一个白白嫩嫩、长着一双圆溜溜的大眼睛、声音嗲嗲的一年级小学生，他上课老是爱捉弄别人，抢占位置，同学们都不喜欢他。老师批评他，他就冲上讲台抱着老师的大腿，用软软的声音撒娇说："老师我知道错啦，你不要不喜欢我，我下次不敢了。"他认错态度一流，就是屡教不改，让我又爱又恨，真不知道该拿他怎么办！

　　有一次，他把同桌的尺子弄断了，同桌伤心地哭着，他还是像往常一样，狗皮膏药似地粘过来。我真的忍不住了，来了一次"河东狮吼"，在全班同学的面前说："M，老师和同学真的受不了你了，总爱捉弄同学，你明明知道这不可以，还明知故犯，你站出来好好反省，不要和我说话！"他听了，收起了嘻嘻哈哈的嘴脸，握着拳头生气，气得脸都红了。这时我就更生气了，他自己做错事，还有资格生气？我更加不想理他。

　　自此之后，这一幕一次又一次地重演，我也很无奈。

　　这时，我遇到了蒋莉博士，结缘"正面管教"。通过"错误目的表"，我明白了他是在寻求关注和权力，我开始理解和接纳M的行为。他为什么这样做？每次在我要生气的时候，他就来抱着我的大腿撒娇道歉，其实他的言语和行为在告诉我：他希望我喜欢他，不要放弃他。后来他握着拳头在那里生气，我感到很无奈，有被挑战的感觉，是因为他觉得没有归属感，他需要机会来证明他对这个班也是可以有所贡献的。

后来，当他又对同学搞小把戏，遭到投诉时，我就先深吸一口气，摸着他的头说："你弄坏了别人的东西，现在是不是也很担心，不知道该怎么办呀？是不是害怕老师不喜欢你？老师不会不喜欢你，但是你要和老师说清楚，为什么你要拿别人东西？"原来他喜欢捉弄别人是因为同学不理他，不跟他玩，只要他拿别人的东西，别人就会和他抢，他觉得这样很好玩。可是有时候会玩过了，不小心就会把别人的东西弄坏。这时，他也很着急，不知道该怎么办，害怕受到老师的责骂，更怕老师向爸妈"告状"，怕受到爸妈的打骂。我知道了他行为背后隐藏的原因，也就知道该怎么办了。

我决定用爱"收服"他。于是我隔两天就用可爱的便签纸写下短信给他，他并不认识那些字，我就让他拿回家让妈妈读给他听。我在信中告诉他我内心有多喜欢他；他的字写得越来越有进步，今天又比昨天好了一些；我觉得他优秀又阳光，我相信自己的眼光，这一点从未变过……一段时间后，我明显感觉到他的变化，至少在我的课堂上听课比以前认真多了。后来，我对他更加关心，有一次，他感冒了，但是水壶带的却还是凉水，我就给他倒了杯热水，还多次询问他有没有感觉好一些，让他感觉到我是真的在关心他。

在正面管教中还有一个小工具："特别时光"。书中说："放学后只要花几分钟作为给一个孩子的特别时光，就能帮助这个孩子感受到足够的鼓励，停止其不良行为，哪怕在这段特别时光里，你们并没有提到那些不良行为。"我对此深有感触。M的家长因为做生意，接他时经常晚到，他常常是一个人在教室里做自己的事。有一次，我偶然发现不是值日生的他在擦黑板、整理讲台，我很感动，大大地表扬了他，并且跟他约定以后如果妈妈又来晚了的话我可以在教室陪他，我和他之间将有十分钟的"特别时光"。M听了很兴奋，像和我共有了一个小秘密。事实上我也践行了这个约定，一开始他跟我聊天时很拘谨，后来在我的引导下越来越放得开了。他很愿意和我分享自己的生活，甚至把他前一段时间状态不好的原因是爸爸妈妈老是吵架的事都告诉了我……在"特别时光"的影响下，他进步非常大，不仅是成绩上的，更是心理上的！

我们以往惯用的严厉惩罚可以立竿见影，立即制止不良行为，但我们往往忽略了这种方式的代价和长期效果——孩子们会用愤恨、报复、反叛、退缩中的一种或全部来回敬教育者对他们的惩罚。因此，严厉的身体惩戒和言语惩戒并不可行，我们可以积极采用正面管教中"和善而坚定"的态度对待孩子所犯的错误，和他们共同成长。

正面管教在社会工作中的应用

> 用另一个人的眼睛去看，用另一个人的耳朵去听，
> 用另一个人的心去感受。目前，对我来说，这是对我们
> 所说的"社会情感"可以接受的一种定义。
>
> ——阿尔弗雷德·阿德勒

在美国访学时，我发现正面管教讲师培训班学员多集中在两类职业——教师、社会工作者。正面管教为他们的实际工作提供了丰富的工具，让他们有更多的选择。

2016年底，我在佛山举办第一期正面管教家长讲师班时，就想到了把正面管教带进社会工作领域。为此，我专门走访了南海启沅社会工作服务中心，得到了机构负责人傅坚宏的重视，我满腔热情地和他们分享了在美国学习正面管教的种种见闻，"全球视野、本土行动"的理念深深地触动了他们。随后不久，启沅社工选送了四名优秀社工参加了正面管教家长讲师班的培训，他们把正面管教融入到社工服务中，第二年他们的家庭服务项目因为专业性突出被评为"优秀项目"，并续签了一个百万经费的服务项目。

从2014年我开始进行正面管教教学以来，陆陆续续得到一些社工机构的邀请，走进社区，为家长们开设正面管教讲座；走进学校，为老师和家长开展正面管教培训；走进社工机构，为社工进行正面管教的专业培训。通过多年的实践和观察，我发现正面管教和社会工作可以有机地融合在一起，主要体现在以下几点。

正面管教理念和社会工作价值观高度吻合

社会工作是一个助人的专业性工作，正确的价值观是社会工作的核心，也是社会工作的灵魂。一方面，社会工作的理论和方法是围绕其价值观建立的。另一方面，社会工作的实践需要价值观的指导。

社会工作的价值观中，对"人"的看法是：每个人都有与生俱来的价值和尊严，每个人的价值和尊严都应受到尊重。每个人都需要归属，人与人之间应当相互支持和帮助。每个人除对自己负责外，还对他人负有社会责任。

阿德勒认为，个体的首要目标是获得价值感和归属感。社会兴趣（或称社会情感）是阿德勒学派理论的重要概念。在他看来，社会兴趣是"指导个体完善自身和追求更美好的社会"的必要因素，这些理念都和社会工作的价值观高度契合。正面管教有很多体验式活动，和一系列的实操工具，可以让社会工作价值观更好地具体践行。

2021年，我走进中山，为社工们进行专业培训。这家社工机构主要为老年人群体提供服务，在培训中我们讨论了："如何帮助我们的服务对象获得价值感和归属感？我们可以如何说，如何做？"

机构有"长者学堂"项目，老年人每天来社工中心"上学"。社工们分享了一些日常做法，如遇到老年人哪天没有来"上学"，社工们都会关心地问一问。有的老人会骄傲地回应："我儿子昨天请我喝茶去了。"社工就会顺势夸奖道："阿姨好有福气啊，儿女真孝顺！"这些老人都把社工们当成自己的儿孙辈；社工把老人们当成爷爷奶奶，甚至有时候把他们当成孩子来哄。

通过讨论，社工们发现可以让老人更好地发挥他们的作用，获得价值感。比如，老人们的班级也有班干部，基本都是社工指定的。老人之间有矛盾了，都跑到社工这里要求"评个理"，就像孩子在父母面前争宠一样。学了正面管教之后，社工们改变了工作方式，把主动权交给老人，让他们自己选举班干部，自己管理班级。遇到矛盾时，社工不再当"裁判"了，而是使用启发式提问，引导老人们自己解决问题。老人们的价值感得到了充分体现，参加活动的积极性更高了。

正面管教适用于社会工作的三大工作方法

社会工作的三大工作方法是个案工作、小组工作和社区工作。

1. 个案工作

个案工作是社会工作领域中一种重要的服务方法，指社会工作者运用专业的知识、方法和技巧，帮助有困难的单个个人或家庭（一般称为"案主"）发掘和运用自身及其周围的资源，改善个人和社会环境之间的适应状况。

正面管教就是一个专业、系统的家庭教育体系，能够帮助个案解决家庭教育问题，并提供很多具体可操作的方法。正面管教高级导师英洛是一名资深的临床社会工作者，在美国访学期间，我曾在圣地亚哥见到她，她告诉我，正面管教的体验式活动同样适用于一对一的咨询。她举例说，正面管教的"两份清单"会问到父母在育儿过程中所遇到的挑战，以及父母希望培养孩子具备哪些品质和人生技能，我们同样可以去问案主，他目前遇到的育儿挑战是什么？他希望把孩子培养成什么样的人？这些问题可以帮助案主迅速明确他的问题和咨询目标。

在实践中，我们也发现，"错误目的表"是进行个案工作时非常实用的工具，可以帮助家长了解孩子不当行为背后的信念，了解孩子的内心需求。正如心理学家德雷克斯所说："行为不当的孩子是丧失信心的孩子。"

张惠思是我们第一期正面管教家长讲师班的学员，当时她是一名社工，任职于南海启沅社工服务中心，负责西樵镇心理援助热线。她成功地将正面管教应用于社工服务项目，提升了项目服务的专业品质，得到了佛山市社工局的赞赏和认可。附文《夺爱的男孩》就是她在个案工作中，巧妙地运用"行为的冰山模型"和"错误目的表"的案例。

2. 小组工作

小组工作又称为团体工作，它是以小组为单位的助人工作方法。主要的小组工作类型有教育小组、成长小组、支持小组和心理治疗小组。经典的正面管教工作坊就是一个父母课堂，学习家庭教育的专业知识，八个以上成员参加，每次两至三小时，持续六周。有人问为什么要持续六周，简·尼尔森解释说，很多父母最初是为了教育孩子而来的，在参加三周的课程之后，会意识到最需要改变的原来是自己。从这种意义上来说，正面管教家长工作坊就是小组工作中的教育小组、成长小组和支持小组。

我曾受佛山市一所中学驻校社工的邀请，为新班主任进行一系列正面管教培训。学校选派近三年第一次担任班主任的教师来参加，他们年轻、有活力，但缺乏经验。通过正面管教培训，他们掌握了新的教育理念和方法。特别是在"教师互助环节"（THT），班主任们有机会分享带班过程中的烦恼，通过角色扮演走进学生的内心世界，通过头脑风暴处理具体的学生案例。

我还得到一家社工机构的邀请，在社区里举办了"青春期孩子的正面管教"系列工作坊。有位家长坐车一个多小时从周边的城镇赶来参加，在这里，她了解到青春期孩子的特点，和其他家长讨论相同的话题和烦恼，大家形成了一个相互支持的网络。

后来，我还应顺德一所中学驻校社工的邀请，为家长们举办"青春期孩子的正面管教"系列工作坊。校长亲自主持工作坊的开场仪式，部分教师也前来参加培训，践行"家校合作"的育人模式。

3. 社区工作

社区工作是以整个社区及社区中的居民为服务对象，提供助人的、利他的服务的一种社会工作专业方法。以正面管教为主题的家庭教育讲座，可以让更多的家庭受益。正面管教适用于一切人际关系，可以涵盖各种人群，有助于建设一个学习型社区。

我们正面管教讲师班的第九期学员王玉佳，在2016年还是一名一线社工，她和先生一起参加了我的正面管教家长班，主要是为了改善夫妻关系，促进个人成长。随着孩子的出生以及工作内容的变化，她的工作从服务转向了督导和管理，她期待在正面管教方面有更多的提升。为了教育好自己的孩子，也为了更好地工作，2019年1月，她报名参加了我的讲师班，成为一名正面管教家长讲师。

她说，社工工作由于理论比较多元，实践时很容易浮在表面，于是她选择在正面管教领域持续深耕，把机构的亲子服务项目也聚焦在正面管教方面。近年来，通过线上和线下的方式，她举办了70多场和正面管教相关的讲座，逐步打造出特色服务项目，让机构的影响力和她的个人品牌都得到了很大的提升，她获得了2019年度佛山市"社工之星"称号。

从一线社工到社工机构的负责人，正面管教陪伴王玉佳一路成长。2021年，她运用"知识体系+体验互动+工具指引"模式，引导家长们系统学习《正面管教》，参加正面管教工作坊，使用正面管教工具实践演练，在佛山的桂南社区提供了一年的亲子家庭服务。

正面管教有助于提升社会工作者的专业技能

家庭是社会的细胞，家庭稳定是社会和谐发展的基础。社会工作服务项目有相当大的比例是家庭服务，其中家庭教育服务的需求也显得比较突出。

整体来说，目前的社会工作者群体比较年轻，多处于未婚未育的阶段，如果既没有家庭教育相关理论的支持，又没有丰富的人生阅历，要想为居民提供家庭教育方面的服务的确有些吃力。

这些年轻的社工通过学习正面管教，可以迅速掌握家庭教育的理念和底层逻辑，进而向居民们分享家庭教育的具体方法。

2021年，我为一家社工机构进行正面管教家长讲师认证培训。在培训中，一位未婚的社工分享自己的经历，提到她已在社区开展过好几场正面管教工作坊了，效果很好。大家投以惊奇的眼光，问她是如何做到的？她说，正面管教的体验式活动本身就很受欢迎，只要遵照流程推进就好了。正面管教讲师扮演的是"引导师"的角色，营造一个安全的氛围和环境，让父母们可以体验、感受、畅所欲言、在感悟中觉察，就会自然而然地发生改变。

通过几轮培训，如今，该机构的社工几乎全员成为正面管教家长讲师，他们有的在社区开展家庭教育服务，有的通过驻校社工推动本土化"家—校—社"联动服务模式，都大大提高了社工服务的专业品质。

小练习 你愿意走进社区，和更多的家长分享正面管教，去践行自己的社会情怀吗？可能只是一些小小的动作，如组织小规模的读书会、联系社区或社工机构去当亲子志愿者等等。

夺爱的男孩

张惠思

我（社工）第一次听到星仔（化名）的名字，是在他妈妈打来的热线求助电话中，星妈妈在电话中一股脑地倾诉了星仔的"恶行"。星仔11岁，三年级前在市里的寄宿学校上学，之后转校回来本地就读，妈妈说他在学校不学习，表现不积极；在家里不听话，跟老人顶嘴，不让妈妈陪妹妹睡觉（妹妹不到1岁），要求妈妈陪他睡。星妈妈在电话里发出疲惫、懊悔的叹息，觉得是当年自己狠心把星仔送到寄宿学校去才引发了星仔现在的问题。

我听了妈妈的叙述后，与妈妈协商咨询目标，既要对妈妈因养育小孩而引发的焦虑进行疏导，又要了解星仔本身的心理状况。为了更好地了解孩子的心理状况，我与星妈妈约定第一次咨询要带星仔过来面谈。

初见星仔，发现他的模样与实际年龄不太相符。尽管他已经11岁了，但是看上去个子很小，黑、瘦，神情平静，目光有点涣散。

我问了问星仔和他家人相处的情况，星仔说："我最喜欢妈妈了，也喜欢爸爸，不过爸爸很忙；也喜欢爷爷奶奶，不过我和他们抢电视看，我喜欢看动画片，他们不让我看，叫我去看书，所以我一发现他们在看电视就和他们抢，呵呵。"

我："那你喜欢妹妹吗？"

星仔："喜欢。"

我："你觉得妈妈喜欢妹妹吗？"

星仔："喜欢，不过妈妈总是和妹妹在一起，让我自己玩或看书、做作业。"

然后，我又跟星仔聊起了他在学校的情况。他说他最喜欢数学，不喜欢英语。他也想学好英语，可是太难记了，听不清楚老师说什么。原来，星仔先天失聪，从小就被送到矫正机构独立生活，通过与星仔聊天，我们可以看到家庭及学校都没有真正关注到他的特殊情况。

经过面谈，我梳理了两方面的细节：

1.心理特征：爱的缺失。星仔在家里表现得强势，喜欢和爷爷奶奶抢电视看，把主动权掌握在自己手里，让家人把注意力转移到自己的身上来；他生怕妹妹把爱"占领"了，所以提出需要同妈妈睡。

2.生理特征：耳朵轻度失聪。听力问题导致了学习上的障碍，使星仔跟不上进度，造成了他的学习压力。

孩子行为背后的原因是什么？让同事安顿好星仔后，我跟星妈妈进行面谈咨询。"你说奇怪不奇怪，都11岁的男孩子了，还说要跟妈妈睡！我害怕他是不是心理有问题啊！"星妈妈还没坐下，就焦急地说，"不知道刚才他是否有跟你说他心里的想法？哎，这个孩子真皮……"

"嗯，你的心情我很能理解，孩子的各种行为有时候真的是让我们家长感觉到难以处理。"我停顿了一下，"在电话里，我听你说到星仔的一些行为让你觉得很难理解，是吗？"

"是的，真是让我难以理解，无能为力。"星妈妈说。

我在一张白纸上画了一座山的形状，对星妈妈说："来，你看，我现在想要跟你介绍这个'冰山理论'。露出水面这一部分是可以看见的，我们称之为'孩子的行为表现'。很容易理解吧？"星妈妈收拾了情绪，点了点头。"而埋在水下的冰山部分是'孩子行为背后的信念'"，我又画出下半部分来。

"那么孩子行为背后的信念是什么呢？"妈妈很感兴趣，想要知道答案。

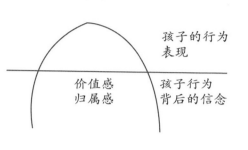

我缓缓地写了"价值感"和"归属感"这几个字。

妈妈一下子沉默了。

"孩子的首要目的是追求归属感和价值感。孩子的不当行为是建立在怎样满足归属感和价值感的错误想法之上。"

我运用正面管教中的孩子行为背后的信念来与星妈妈进行讨论，随后我拿出了一张"错误目的表"（见《解读孩子行为背后的心理密码》）递给星妈妈，让她从第二列"家长的感受"里面寻找自己面对孩子某些行为时的感受。

星妈妈拿着这份表格，如获至宝，她说："上次他不让妹妹跟我睡，要我跟他睡的时候，我的感受是难以置信，又有点担心。那么我该如何去做？"

还没有等我说话，星妈妈自己就去查看"孩子行为背后的信念"以及"家长可以怎样做"那两列内容，边看边说："认同孩子受伤的感受，跟孩子说：'你的行为告诉我，你一定觉得受到了伤害，能和我谈谈吗？'"

说完，星妈妈抬起来头看着我。

我点了点头。

我对星妈妈讲述了我对星仔的评估，综合星仔的实际情况与星妈妈初步达成了共识：星妈妈以后会在家里留意星仔的举动，当妹妹与妈妈在一起的时候，如果星仔还有类似的怪异行为，妈妈就把星仔叫过来一起分享妈妈的爱，让他明白妈妈没有忽视他，妈妈爱妹妹的同时也在爱着星仔，并鼓励他一起来照顾妹妹，承担哥哥的责任，增加他的勇敢与自信，增加他的安全感。

至于学习方面，我们商议最好请一位补习老师，弥补星仔在课堂上因听力不足而受到的影响，减轻他在学习上的压力。选择恰当的时机教育他尊重老人，家庭和谐氛围对其成长十分重要。

经过半小时的交流，星妈妈终于明白自己儿子内心的需求点是什么了，如释重负。

星仔得到妈妈的爱太少了，他从小就被送去矫正治疗，离开家独自生活。妈妈忙着工作，只有偶尔去探望他，星仔从小到现在都没有得到父母足够的爱。

星仔读到四年级的时候，家中添了一个妹妹。爸爸忙于工作，妈妈把重心放在照顾妹妹上，疏忽了对星仔的关注。这段时间让星仔幼小的心灵感受到的就是"妈妈不爱我了"，因此他在生活中出现了许多"怪异"行为。当孩子出现错误行为的时候，我们就要思考：孩子的"归属感与价值感"是否出现问题了？了解了孩子的心理特征，再结合有效的亲子教育方法，父母就能成为孩子最好的心理咨询师。

这一次的辅导我向星妈妈分享了正面管教的育儿理念：孩子的首要目的是获得归属感和价值感，孩子的不当行为建立在"怎样获得归属感和价值感”的错误想法之上。孩子归属感和价值感得不到满足的时候，就容易表现出“不当”行为。我让星妈妈认识到：冰山露出水面的部分是可以看到的、观察到的行为，水面以下的部分则往往被忽略，但是这部分才是更加根本的，决定着表面的行为部分。

妈妈理解了孩子的不当行为背后的目的之后，我再利用正面管教中的“错误目的表”，引导妈妈寻找孩子行为背后信念的线索，调整妈妈与孩子互动的方式，一方面减轻了育儿挑战给妈妈带来的焦虑压力，另一方面也让妈妈掌握了实用的亲子教育工具。

正面管教在企业管理中的应用

> 好的管理是一门艺术——它让问题变得那么有趣，
> 并且让其解决方法变得那么有建设性，以至于每个人都
> 想开始工作，解决问题。
>
> ——保罗·霍肯

2017年3月，在佛山正面管教EHE的一次活动之后，我们按照惯例一起聚餐交流。林源芳当时是一家企业的人力资源管理经理，她第一次参加正面管教的体验式活动，深受吸引，好奇地问了一个问题："正面管教是帮助家长教育孩子的，适用企业管理吗？"这真是一个好问题！我告诉她：正面管教是处理人际关系的学问，不仅适用于亲子关系，也适用于一切的人际关系，当然适用于企业管理。那时我正和全国十几位正面管教讲师一起，研讨正面管教在管理中的应用，大家都发现，正面管教的体验式活动是可以迁移到企业培训中的。

源芳听后深受鼓舞。她一直对家庭教育和心理学很感兴趣，经常利用业余时间进行家庭教育的分享，还希望能将这方面的知识应用到工作中去，正面管教正是她寻觅已久的心理学体系。随

后，她得到了企业领导的支持，马上报名参加了我们的第二期正面管教家长讲师班，并把课程转化成企业的内训课，受到了企业老总的高度赞扬，被誉为是"企业培训的创新"。

正面管教适用于职场，得到了商业媒体品牌Fast Company的认可，这是一家专注于科技和领导力创新的企业，他们发现：家庭养育和职场管理有许多相似之处，做一名管理者，有时就像做父母一样。2016年，这家公司推荐了五本家庭教育的书籍，帮助管理者成为更好的父母和更好的管理者，《正面管教》就是其中的一本。

我在高校除了教心理学，还教组织行为学。组织行为学主要从个体、群体和组织系统三个层面来研究组织内部的行为及其影响，以改善组织的有效性。通过观察和实践，我们发现正面管教在企业管理中的应用，也体现在这三个层面上。

尊重和鼓励个体，调动员工积极性

阿德勒认为，行为是以目的为导向的，人们会不断地提高自己并改善自己的处境。鼓励可以让人们改变行为，是让每个人都能保持尊严的最好方式。

2017年起，林源芳将正面管教引入企业管理之中，她兴奋地和我分享道：正面管教的很多工具都非常适用于企业管理。比如，将启发式提问应用于企业管理，管理者可以更多地倾听下属的声音，释放员工的创造力，而不是让老板的认知水平决定企业发展的天花板。

正面管教有个体验式活动叫"惩罚先生"，面对不肯写作业的孩子，可以由三位家长来演绎不同的回应方式：惩罚、奖励和关注问题解决。林源芳将这个体验式活动引入企业培训时，她设计了一个在企业中比较常见的场景——换岗。很多工人不愿意换岗，对此有情绪，于是，她让三位员工扮演三种管理风格的车间主任，轮流上场：惩罚型车间主任一上场就告诉员工，必须要换岗，否则罚款；奖励型的车间主任则和员工一起蹲在地上聊天，称兄道弟，还拿出100元钱往员工怀里拼命地塞，要员工"帮帮忙"；关注问题解决的车间主任则和员工谈心，谈企业的难处，谈员工的发展，最后赢得了员工的理解和合作，和善而坚定地解决了问题。

2019年，正面管教创始人简·尼尔森和正面管教高级导师迪娜研发的《正面管教职场赋能引导师》课程正式上线了，我和源芳一起参加了培训，成为了中国首届正面管教职场赋能引导师。

2021年，我走进一家财商学院，用正面管教职场赋能课程为企业进行员工培训。说起鼓励的时候，我邀请学员分组讨论，分享自己曾经受到过鼓励的故事。这家学院老总的故事非常感人，大家一致推荐他在大组里分享。他说，他当年刚刚进入保险行业时，每天都有早会，为了锻炼每个员工的语言表达能力，他们部门设置了"一分钟演讲"环节，要求每人必须上台演讲，哪怕讲不了那么长时间，也要站够一分钟才能下来。轮到他的时候，他在台上只说了一句"我是×××，我来自×××部门"，然后就紧张得说不出话来，只好硬着头皮在台上站着，平时短短的一分钟此时那么漫长难捱。当他垂头丧气地走下台来，回到自己的座位时，他的部门主管站了起来迎上去，拍着他的肩鼓励道："好样的！无论如何你勇敢地完成了任务！"他倍受鼓舞，感到一股暖流在身上流动。以后，他在遇到困难的时候，常常会想起这句鼓励的话来，慢慢地，他在这个行业里站稳了根基，做得非常出色。

和善而坚定的领导风格，为团队赋能

心理学家勒温提出，不同类型的领导风格会影响团队氛围和团队效率，进而影响团队成员的工作绩效和工作满意度。勒温重点关注了三种领导风格：专制型、放任型、民主型，其中民主型领导风格下的团队成员的工作满意度和工作绩效是最高的。

"正面管教职场赋能"有个体验式活动："领导风格：你是哪一种？"邀请三位学员扮演领导者，其他学员分成三组，每组将拿到一个袋子，里面装的东西完全相同，如回形针、钢笔、坚果、棉签等，一共有20多件。每组的任务是一样的：将袋子里的东西进行分类，类别越多越好。

专制型领导对小组进行严格控制，一幅独裁者的模样，不允许组员插嘴，否则就记入他们的业绩考核；放任型领导表现出还没有准备好的状态，对任务的要求不够确定，容易被组员的建议所左右；民主型领导采取和善而坚定的方式，鼓励小组成员，带领大家进行头脑风暴，把能想出来的所有分类都说出来。在大多数情况下，民主型领导风格下的小组的任务完成得最好。

正面管教有个特色的活动是"家长互助环节"（PHP），迁移到企业管理中，就是"管理者互助环节"（Managers help Managers，MHM），让管理者扮演员工的角色，走进员工的内心世界，然后让其他管理者一起进行头脑风暴，给出建议，互相帮助来解决实际问题，真正地让"和善而坚定的领导力"落到实处。

2018年6月，我们佛山正面管教EHE第18期活动走进了佛山格来德小家电有限公司，活动主题为"正面管教在企业中的应用"。林源芳就是这家企业的人力资源经理，那天她创造性地引入"管理者互助环节"，切实地解决了企业管理的实际问题，反馈效果特别好，我们都受到了极大的鼓舞。

在管理者互助环节中，身为公司生产主管的小林，带来了一个在工作中让他感到非常棘手的问题：这家公司门前有条大马路，经常有大货车通过。公司大多数员工都骑摩托车上下班，为了保证安全，公司要求员工严格遵守交通规则，骑摩托车时必须戴上安全帽。但很多员工不以为然，觉得戴安全帽又热又麻烦。公司门口有人专门检查安全帽的佩戴情况，于是有些员工骑摩托车快到公司的时候才带上安全帽。对那些没有戴安全帽的员工，他们采取了说服教育、观看车祸视频、罚款等各种措施，收效甚微。小林为此感到非常头疼，对这些缺乏安全意识的员工感到无法理解，"恨铁不成钢"。在管理者互助环节中，需要提问者用一句话概括这个事情，小林给的主题是"把生命当儿戏"。

在管理者互助环节，小林扮演了一位屡教不改的员工，以此尝试走进下属员工的内心世界，去理解员工的真实感受。然后大家通过头脑风暴，针对这个问题提出了十多条建议。最后，小林选择了其中"邀请家属拍小视频"和"拍照/宣传"两条建议进行整合，并立即行动。小林发起了一个活动，给每位员工发放一张宣传纸，上面写着："我是×××，我是天朋人，我遵守交规戴头盔，我自豪我接力，请为我点赞。"由员工举着这张宣传纸照相，然后发到自己的朋友圈。在快乐和谐的气氛下，通过朋友圈点赞监督，让戴头盔这件事由"要我戴"变成了"我要戴"！

小林把后续的活动和反馈也分享给了我们，他感叹道：用正面管教的方法引导员工自律自主多么重要！

自2017年起，林源芳在格来德公司引入了正面管教的方式，研发了针对"基层管理人员"和"中高层管理人员"的培训课程，对总部和江苏分公司的管理人员进行培训。《"和善而坚定"的沟通力》成为这家公司的经典内训课程，她也于2019年晋升为人力行政总监。

营造相互尊重的工作环境和组织文化

随着社会的进步，在学校、家庭、企业和各类组织中，民主关系变得越来越普遍，人们期待平等的、互相尊重的关系。我们可以看到，很多知名企业都在努力为员工创造互相尊重并提供个人和职业成长空间的工作环境，因为企业创造的所有价值都来自员工。

在正面管教中，有一个体验式活动叫"从阶梯性到领导力"。过去，关系中的优越和卑微都很常见，大家习以为常，比如"君为臣纲""夫为妻纲""父为子纲"，还有"一日为师，终身为父"。这里处于优越地位的是君王、丈夫、父亲、老师等，处于卑微地位的是臣子、妻子、孩子、学生。类似的不平等还体现在老板和员工、男性和女性等关系中，处于优越地位的人会运用伦理道德、威胁、惩罚、控制资源等方式凌驾于卑微地位的人之上。这是一种"纵向关系"，认为人是有高低等级之分的，人与人之间是竞争关系。

然而，改变正在发生。曾经被权力阶层控制的人们，现在希望能受到尊重和平等的对待，形成"横向关系"。阿德勒认为，人与人之间是横向关系，每个人都是平等的。当然，横向关系并不意味着每个人有相同的责任，如管理者是明确的领导者角色，员工有属于自己的职责，但无论管理者还是员工，都是值得尊重的。

在人人平等的环境下，工作和协作需要强调新的要素——合作、尊重、责任、沟通、展示差异、协作、共同愿景，等等。领导者成为共同愿景的管理者，而不是制定目标的独裁者。

写到这里，我不禁想起了一位家长学员，她是某家银行支行的负责人，她最初是为了孩子教育的问题来参加家长班。通过学习，她发现很多正面管教的理念和工具可以应用到工作中去。有一次，她和我们分享，她之前按照上级的部署制定了单位的绩效标准，结果大家怨声载道，觉得要求太高了，暗地里说她追求高绩效不过是为了自己"往上爬"，大家工作起来动力不足。学习正面管教之后，她意识到共同协商的重要性，在第二年制定绩效标准时，她改变了以往的做法，邀请员工们共同参与，一起协商。结果她惊讶地发现，大家制定的绩效标准比她之前定的还要高。为什么呢？员工的主人翁意识调动起来了，大家觉得这是为了自己的利益，一旦完成这样的绩效标准，他们的收益会更大。

在正面管教学校讲师班线上认证的教学视频里，有位学员的分享让我触动很大。这位学员在美国军队里工作了十几年，她说，即使在等级森严、纪律分明的军队里，正面管教也是适用的，因为军队里很多工作是面对人的，人都是需要尊重的，军人们在得到人性温暖的前提下，执行命令时也会更容易些。

正面管教的很多信念与原则，如"错误是学习的好机会""完成比完美更重要""要有不完美的勇气""相信过程""感觉好才能做得好""和善与坚定并行""我们需要鼓励，就像植物需要水"等，都很能鼓舞人心，营造良好的氛围。我们的讲师班学员彭野是一家学前教育机构的负责人，她将这些金句制作成宣传板贴在墙上，时时鼓励老师、孩子和家长们，也成为这家机构特有的文化特色。

小练习　　成为更好的父母，将有助于自己成为更好的管理者。你考虑过将正面管教的理念和工具应用于职场吗？

附录一

30次家庭会议，陪伴女儿穿越至暗时刻[1]

　　女儿留学美国，毕业时，正值全球新冠疫情肆虐。我们召开了30多期的家庭会议，陪伴女儿穿越至暗时刻。女儿现在已经在美国硅谷找到满意的工作，开启了职业发展的新旅程。

　　很多人想听听我们的故事，我也很乐意把这个故事分享出来，希望能鼓励到更多的人。

就业冰季：跨专业在硅谷找到工作

　　女儿在国内读了大学本科，2018年9月入读美国哥伦比亚大学统计学专业，2019年圣诞节前结束学业，2020年2月获得毕业证书。这意味着，圣诞节放假就要毕业离校了。因此，从毕业前的八九月份甚至更早时，大家就已经开始找工作了。10月左右，学校开设了很多和就业有关的活动，很多校友回来分享经验。11

　　1　本文是作者2020年6月受邀为心草教育群和黑马财商俱乐部等30个微信群进行直播分享的文字稿。

月左右，校园招聘也开始了，找工作的神经早早地就绷紧了。

我妹妹在加州工作，已经在美国生活了20年了。作为银行高管，她也经常参加面试招聘。对于留学生在美国找工作，她有自己独特的见解和经验。她和女儿分析：在加州，软件工程师是主流行业，也是朝阳行业。应聘主要靠考试刷题，这对年轻人非常有利。如果不讨厌软件工作，可以向这个方向靠拢。因此在2019年暑假选课时，女儿专门选了两门和计算机相关的课程。通过学习，她发现自己对编程很感兴趣，甚至还和我聊起当年读大学时为什么没有选择计算机专业。

关于工作面试，我妹妹很有经验，她花了很长时间专门指导女儿修改简历，向她提问，启发思考，模拟演练，让简历上的每一段话背后都有一个小故事来支撑。我知道，那段时间女儿的学习任务很重，还要完成小姨布置的求职作业，这个作业不好完成，要自己思考、提炼，和小姨讨论后，还要继续修改，寻找亮点。这样的简历修改，前前后后花了两个多月时间。

妹妹告诉女儿，找工作时要给自己设定一个要求：每天投10份简历。在圣诞节前，通过几轮面试，女儿得到了第一份最终面试的机会，那是她比较向往的工作，在加州，美国四大银行之一，岗位是数据分析，专业对口。对于这次面试，女儿进行了充分的准备，但是最后还是和这份工作失之交臂。

虽说她在理智上能够理解，第一次最终面试就能拿到工作机会的可能性不大，但这次的失利，对女儿是一个重大的打击，因为她觉得自己已经拼尽了全力。后来得知，参加最终面试的还有她的两位同班同学，都是中国人，其中的男生很快就被录取了，另一位女生后来也被补录了，这让女儿倍感失落。因为平时在学校，女儿的成绩更胜一筹。虽然女儿知道，这两位同学都是在美国读的本科，英语沟通能力可能会更好些，但还是感到难以释怀。

就这样，圣诞期间，女儿是带着一份遗憾离校的，去到了我妹妹的家中。在加州，数据分析的岗位需求量不是很大，与此同时，她开始尝试申请软件工程师岗位。圣诞节前是公司招聘的大潮。节后的招聘只是星星点点，女儿又是跨专业找工作，显得格外吃力。

投出去的简历有些是石沉大海，有些即使通过了简历关、得到软件测试机会，常常又完成不了，如四个测试题只能完成两题。那段时间真是处处碰壁，女儿开始怀疑自己，觉得自己好像什么都会那么一点点（各种统计软件都会一点，编程也懂一点），但似乎又什么都拿不出手来。她在学校的GPA很高，这不但没给她带来自信，反而让她更有压力，她开始怀疑自己的工作能力了。

我们每周坚持家庭会议，随时和女儿保持沟通联系。就这样，在一次次的打击之后，女儿一次次地擦干眼泪，坚持刷题，每天都投简历。为了更好地学习编程，完成向软件工程师的转型，女儿还参加了为期四个月的网上培训，每周五次学习，周一、周三、周五晚上学习两个小时，周六、周日晚上学习1.5小时。网上培训不仅可以提高她的专业技能，也让她在焦头烂额的求职状态中锚定了一种规律性的生活。

一个月下来，虽然没有质的飞跃，但已经有了量的变化，女儿得到的软件测试机会比以前多了，也能够完整地完成一些软件测试了。但女儿对自己的要求很高，希望最迟在2月份找到工作，所以感到非常焦虑。我当时想，如果她能在5月的毕业典礼前找到工作就很好了。

从2019年年底开始，经济形势就在下滑。2020年年初全球疫情暴发，就业形势更是雪上加霜。毕业就等于失业，这让女儿有种深深的挫败感。我安慰女儿，疫情当前，就把2020年当成"间隔年"好了，可以通过找工作来认识自己，了解自己真正想要的是什么。但这样的安慰却有些显得苍白无力，我知道女儿多么需要找到一份工作，来满足内心的价值感和归属感。

屋漏偏逢连夜雨，有一天，女儿在咖啡馆学习，起身时不小心把咖啡碰洒在手提电脑上。这个苹果电脑是新买的，价格不菲，用了还不到四个月。女儿去维修店咨询，得知修的话要800美元，够买上半个新电脑了。女儿感到很沮丧，发信息给我："我什么都不会就只会把电脑弄坏。"

我和女儿关系很好，她什么都愿意告诉我，我也愿意让她及时地"发泄情绪"。可是看到她自责、自我怀疑的话，我还是感到揪心的痛，我只能尽力和她沟通，做她心灵的港湾。我耐心地倾听她诉说，通过家庭会议为女儿赋能，做她的坚强后盾，就这样，我一直跟进女儿找工作的进度，关注她的心情变化。

俗话说"绝处逢生"，电脑事件后，女儿整理好心情，两三天后，就找到了一份软件工程师实习工作，单位还给她配了新的苹果手提电脑。她小姨开玩笑说，这个电脑配置比银行高管的高级多了！

这份实习工作，是一个巨大的转机，这是女儿转型成为软件工程师的一个起点，我们都感到很高兴。无论如何，这份经历是可以写到简历上的。这个实习有三个月，没有工资，在满两个月的时候，会明确告知女儿是否能留下来。除了没有工资以外，实习和正式的工作没有什么不同，我们也嘱咐女儿好好积累经验。她住在我妹妹家，也有机会向小姨请教职场经验，五月中旬，女儿就凭着这份实习工作顺利转正入职了。

在这样的就业冰季，历经大半年的坎坷，女儿由统计学专业转型为软件工程师，在美国硅谷找到工作，开始了职业发展的新旅程。

家庭会议：我和女儿的特别时光

2014年我在美国访学，女儿利用大一寒假去探望我，也住在波梅兰茨导师家里。有一次，我们和波梅兰茨以及她的先生，四个人开了一次正面管教家庭会议。会议的具体流程如下。

第一个环节，致谢。每个人轮流对其他人表达感谢。那天恰巧是女儿的生日，她用英语直白地表达了对我的感谢和爱，我听了心里暖暖的。

第二个环节，讨论会议议题。那天，我们的会议议题是分享各自的旅行行程。我准备去圣地亚哥拜访简·尼尔森，波梅兰茨和先生准备去洛杉矶看望二儿子，女儿计划安排回国，我们在日历上把这些重要的日子标记出来。

第三个环节，娱乐时光。我们一起享用晚餐。

整个家庭会议的氛围特别好。我趁热打铁问女儿：我们家以后要不要也这样开家庭会议？她说不要。女儿大三的时候，我们零零散散开展过几次线上家庭会议，但没有坚持。看到我一直在践行正面管教，女儿对正面管教的理念也越来越认可。2019年6

月，女儿在美国读研期间主动提出开家庭会议，我积极响应，把做记录的活儿都包下了。

孩子留学在外其实很不容易，用外语来学习专业课，和世界各国的同学打交道，独自面对巨大的文化冲突和内心孤独。从那时开始，到她正式参加工作，我们一共开了33次家庭会议。这个习惯一直保留下来。

女儿现在住在我妹妹家，我们开家庭会议的时候，有时会碰到她小姨问她在做什么，女儿回答道："我和我妈在开家庭会议呢。"透过语音，我都感受到了女儿的开心和自豪。

我们的家庭会议采用线上语音连线模式。考虑到不是每次会议都有话题讨论，还考虑到线上会议对娱乐时光难以安排，所以我们的家庭会议最常规的是这样三个环节：致谢、分享本周最快乐的事情、自由分享（代替娱乐时光）。每周一次，每次15～30分钟，严格控制时间。

第一个环节，致谢。就是我感谢女儿、女儿感谢我，要求有具体的事情。家庭会议的致谢，主要目的是要营造一个和谐的氛围。通过致谢，我们还可以了解到对方真正在乎的是什么，这是我开家庭会议的新发现。这一年来，无论生活多么忙碌，我们都坚持开家庭会议。所以在致谢中，我们有这样的感谢："谢谢你，调整时间来开家庭会议。"

第二个环节，会议议题。每个议题有三种形式，分享、讨论不解决、请求帮助以解决问题，可以选择其中的一种。需要讨论和解决的问题，我们会事先提出来，微信留言，比如：如何管理时间？最近压力大，暴饮暴食，怎么办？马上要过生日了，可以怎么过？年底的收获和展望有哪些？这样我们可以提前准备和思考，等到语音连线时，再进行讨论并记录。

如果是"请求帮助以解决问题"的议题，还会有上一周的方案跟进，比如关于刷题，有段时间女儿计划每天刷2~3题，每周我们会通过家庭会议来跟进她的刷题进度。

目前我们投入更多的是"分享"的话题，我把它辟为专门的模块——分享本周快乐的事。这也让我们可以好好回顾整理这一周的事情，并进行提炼。通过这个模块，我知道女儿最近认识了很多朋友，拿到了几个笔试和面试的机会，在公司里参加了一个很重要的测试小组，等等。

第三个环节，是家庭娱乐时光。大家可以一起开展亲子活动，比如吃甜品、玩桌游。我们是线上进行家庭会议的，就把这个环节变成了自由分享，或者就是闲聊。

家庭会议是正面管教的一个综合性工具，需要做好很多基础准备，比如倾听、尊重的态度等，而且要等待时机，不能一下子就开始。如果大家想尝试家庭会议，可以从简版开始，只有两个环节：致谢+娱乐时光。至少开四次，一般要开四至八次。这样通过一两个月的练习，就可以营造开展家庭会议的良好氛围了。

会议议题方面，可以从专门的分享模块入手练习，比如"分享本周快乐的事情""分享你觉得最有成就感的事情""分享你和朋友最美好的回忆""分享你最喜欢的玩具""分享你最喜欢的一次旅行"，和孩子们分享彼此的快乐，滋养彼此的关系，享受美好的亲子时光，而且一定会有新的发现和收获。

正面管教：和善而坚定的生活方式

正面管教不仅适用于亲子关系，还适用于师生关系、夫妻关系、同事关系、朋友关系，等等。正面管教的核心理念是和善而坚定，既要尊重孩子，也要尊重自己。与人相处，就是相互尊重，不卑不亢。

我常常和女儿分享我在正面管教方面的一些工作，比如最近做了什么讲座，开展了什么活动，到哪里去分享了，等等。我还向她分享正面管教的一些理念：要有不完美的勇气、花时间训练、完成比完美更重要、感觉好才能做得好，等等。

正面管教已经成为我家的生活方式。2019年8月，女儿放暑假回国，她事先手写了一封祝福我生日的信，藏在家里的书柜中，让我在过生日当天打开。在信中，她亲切地称呼我为"老妈同学"，写道："感谢你对我的耐心指导，教育我如何成为一个有担当、有抱负、和善而坚定的人。"

女儿在软件工程师实习期间，曾遇到强烈的内心冲突。进入实习两周后，公司开始居家办公，比加州的居家令还早了一个星期。大约在加州居家令施行两周后的一天，公司的老大喊她到仓库里去搬东西，她问是否有防护措施，老大说没有，同时也看出了她的犹豫，表示理解，就没有喊她了。后来女儿得知另一位实习生去了，心里感到有些不安。

通过家庭会议，我让她问问小姨，看看他们有什么想法。小姨说，如果是她，一定会去；小姨的一位朋友则表示不会去。我和女儿说，你看，同样的情形，每个人都有不同的看法，你一定要学会独立思考，学会尊重自己的内心。没有谁能告诉你标准答案，唯有你的内心会引领你。

那年3月和4月女儿特别忙，一要忙着实习，很多东西不太懂，要一边学一边做；二要忙着上网课，每周5次，要学习、要复习，最后还要考试；三要忙着找工作，那时国内的春招已经开始了，她也在到处投简历。由于时差的原因，女儿有时半夜三更都在参加国内的笔试或面试，有时又因为时差或电话号码的原因不明不白地错失了机会，这让她也感到格外沮丧。

女儿的实习公司是国内的一家移动医疗集团，在美国硅谷有分公司。在疫情下医疗行业算是一个红利行业，还能"招兵买马"，不像其他行业到处在裁员，我们都觉得要是能在这家实习单位转正就最好不过了。

有一次，女儿在家庭会议里分享本周快乐的事情，说公司刚刚入职了两位新人，她向他们介绍工作。听了两位新员工的背景，我又为女儿捏了把汗。其中一位新员工是计算机本科毕业，就分配在女儿所在的小组。我心想，公司已经招到了专业对口的新人，女儿还能留下来吗？

尽管我心里有些打鼓，却也没多说什么，只是问她：你观察到这位"科班"出身的员工有什么不一样吗？她说，如果测试中出现了问题，新员工虽然不一定能马上找到错误，但总体方向是对的。我告诉女儿，这就是专业水平，要好好向她学习。我也鼓励她，虽然你的专业不对口，但你是硕士毕业，后劲会很足的。

通过前期的测试和面试，四月底，女儿得到了加州一家药厂的最终面试，那个面试安排了整整一天，中间只有40分钟的午饭时间。从上午的介绍、单人面试、一对多面试，到下午的技术测试以及全球事务总裁的面试，排得满满的。能得到这个面试机会，女儿还是挺高兴的，工作岗位是数据分析，专业对口。

可是真的开始准备时，女儿感到有些束手无策，不知从何下手。这样的面试架势，她从来没有见识过。我让她放轻松，开玩笑说："你一个应届毕业生，人家这是把你当高管来面试呢。"

在4月25日的家庭会议中，女儿在"自由分享"这个环节说：最近比较忙，有国内一家公司的面试、国内一家企业的笔试，还有加州药厂一天的面试；三月中旬成为当前公司的实习生，五月中旬会有一个结果的通知。当时她的分享还是蛮高兴的，看上去机会多多，充满了希望。

我仔细一问，女儿在接下来的两三天内，除了有两个面试、一个笔试外，还有网课的结业考试和实习公司的加班工作。女儿感到压力很大，通过分析，我们认为加州药厂的终极面试是一个大机会，毕竟是"最后一公里"了，坚持就是胜利。

可是到了第二天一早，女儿却连发三条信息给我："我不想去面试了""也不想去笔试""我觉得好累，好烦"。我看到之后连忙和她语音通话，聊了一个小时。那时，我正好看了一部关于丘吉尔的电影《至暗时刻》，就和女儿分享了丘吉尔的一段话：没有最终的成功，也没有致命的失败，最可贵的是继续前进的勇气。我还写了一句话："安下心来，去迎接各种挑战"。

4月27日，也就是在女儿参加药厂面试的前一天晚上，女儿在十一点多发来了微信："我觉得我没有继续前进的勇气。"一个多小时后我才看到这条消息，感到心里隐隐作痛。看看时间，已是加州的凌晨了，我不敢多说什么，只是发了三个拥抱的微信表情，并写了一句话："妈妈随时在你身边，支持你。"

这时，我也在心里和自己说，如果女儿放弃药厂的面试，我也不要责怪她，她一定是太累了。到了面试的那天早上八点，我们这里是北京时间晚上11点了，我小心翼翼地发文字问她：起床了吗？女儿回应道，已经起来了，正在练习自我介绍。我顿感欣慰，安心地睡觉了。

第二天一早我收到女儿的信息："已经完成了一天的面试。"我感到特别开心！无论如何，女儿坚持走完了"最后一公里"，完成比完美更重要。后来听她兴致勃勃地分享面试的过程，感觉她有了很大的成长。

此时，正是女儿在实习公司工作快满两个月的时候，距离是否转正的通知还有半个月。有一天，她主动向公司的技术总监咨询留下来的可能性，技术总监告诉她，他们更想找一个有经验的人，但是看到她平时积极主动，从公司的长期发展来看是不错的人才，所以现在还没有最后决定，还在考虑中。我听了有些忐忑，但我告诉女儿，无论如何，继续做好自己的工作，不是为了去讨好别人，而是要尽自己的本分。紧接着，女儿又主动向他们的小组长咨询反馈意见，小组长对她的评价很高："你的工作，大家都看得见！"。在那一周的家庭会议中，分享本周快乐的事情时，女儿就分享了组长的积极反馈。

4月底，女儿手头比较有戏的工作机会有两个，一个是加州药厂，一个是实习公司。我们觉得最好的情况当然是两个单位都可以给出入职邀请，其次是拿到一个邀请，也很好，也是找到工作了啊！最差的情况是两个单位都落空了。即便是最糟糕的局面，女儿也做好了心理准备，会继续在实习单位完成最后一个月的实习，等待时机。

5月9日，女儿主动联系我，说要告诉我一个好消息、一个坏消息，还问我想先听哪一个？当然先听好消息了！好消息是她可以在实习的这家公司转正了！坏消息是加州药厂的最后面试没有通过。实习公司的技术总监找她谈话，告诉她可以拿到入职邀请了！女儿告诉技术总监：我不会让你们失望的！看到女儿重新找回了自信，我心中充满了喜悦和感恩。

我们的家庭会议还在继续，女儿告诉我，她最近开始主导一个测试，她越来越自信了。祝福女儿开启了职业发展的新旅程。

愿我们的故事可以鼓励到你，感恩相遇。

佛山正面管教EHE活动的精彩回放

2014年3月，我在佛山开设了第一个正面管教家长工作坊，开始传播正面管教。2016年我成为正面管教导师，并于年底举办了佛山第一期正面管教家长讲师班。为了促进正面管教讲师的专业发展，更好地传播正面管教，2017年1月，我们专门组建了佛山正面管教EHE（Educator Helps Educator，讲师帮助讲师）团队，是参照正面管教中的特色活动PHP（家长帮助家长）提出来的，其愿景是传播正面管教，让更多的家庭和孩子受益，既面向讲师开放，也面向家长开放，旨在打造一个"父母成长共同体"，以平台的方式帮助讲师专业成长，帮助家长了解家庭教育的理念和方法，共同成长。

佛山EHE每月举办一次活动，通过线上线下结合的方式为讲师们和家长们提供支持，在疫情期间也从未中断。我们有常规的EHE活动，还有一些特色活动，如户外读书会、智库分享等，并且每年举办一次年会。

十年树木，百年树人，家庭教育是一个长期的过程，甚至需要几代人的传承。在教育孩子的过程中，我们需要一群人一起走，相互鼓励。俗话说，"培养一个孩子，需要整个村庄"，在现代社会则是"培养一个孩子，需要整个社群"，佛山EHE就是这样一个社群。迄今为止，佛山EHE已举办了80多期活动，在这里，我们选取几场活动回顾（更多活动详见微信公众号：幸福心动力），抛砖引玉，鼓励更多的父母组建自己的"成长共同体"，或三三两两，或成立小组，或读书分享，或户外郊游，形成社交网络，抱团取暖，组团带娃。

首届年会：一场特别的"遇见"

（曾惠晶撰稿）

佛山正面管教EHE成立一年来，讲师团队在蒋莉导师的带领下不断壮大。年中，蒋老师在第五期EHE活动中分享了正面管教北京年会的点滴，提及关于佛山EHE的前景展望，她深情地说："如果年底我们能举办首届佛山正面管教年会，那该多好啊！"

为了这个共同的目标，佛山EHE的管理团队团结一致，共同努力，终于在2017年12月16日拉开了首届佛山正面管教年会的帷幕！本次年会主题为"遇见正面管教，助力家庭教育"，希望能让更多的人遇见正面管教、更全面地了解正面管教，在佛山这座美丽的城市，撒下正面管教的种子，生根发芽！

寒冷的冬日早晨，全国各地的一百多名参会者陆续前来，齐聚一起，场面热烈又温馨。

讲座：培养内心有力量的孩子

作为主讲人，蒋莉导师在讲座中提到："错误是学习的好机会。当发现小孩子出现一些小毛病（例如不爱吃饭）时，家长如果能把它看作一次很好的教育机会，就会轻松很多。阿德勒认为，所有人的行为都有目的，孩子错误的行为背后都会有错误的目的，了解孩子错误行为的'密码'，会帮助我们走进儿童的内心世界。"

为了让大家形象地理解和善而坚定，蒋老师带领了一个"气球活动"，让在座的所有人分别扮演孩子和家长，家长对孩子说一些话，孩子如果感受到话语给了自己力量，就把气球吹得更大一些，如果没有感到力量，就把气球泄一点气，由此来直观地表达感受。

在接下来的另一个活动中，通过体验式活动呈现出鼓励与表扬的区别，同时让大家明白：鼓励可以帮助家长培养内心有力量的孩子，大家在分享中谈到："鼓励的话语在当下听着平淡，但可以帮助孩子真实地做自己，而表扬在当时听着会特别高兴，但长期下来效果不如鼓励。""孩子非常需要描述性的鼓励。"

互动体验：小组海报活动

在这个活动中，主持人指引在场所有人分成12个小组，每一组由一位讲师带领组员讨论正面管教中的一个核心理念，如"和善而坚定""感觉好才能做得好""孩子需要鼓励就像植物需要水"等。最后大家把对核心理念的理解以合作画海报的方式表达出来。每个小组都讨论得热烈积极，共同完成的海报也极富创意又生动美妙。

正面管教在不同领域中的实践应用分享

1、正面管教在社会工作中的应用

刘晓珊：社会工作要做到尊重与接纳、促进公平正义，把正面管教融入社会工作，不但理论相通，还更能体现热爱人类、服务人类、促进公平、维护正义和改善人与社会环境关系的理想追求。

张惠思：在《夺爱的男孩》个案中，我用鼓励咨询的技巧与来访者建立关系，运用正面管教的工具引导来访者反思教育的问题，现场指导正面管教的育儿技巧，巩固了咨询成效。

2、正面管教在中小学心理健康教育中的应用

张翠娥：我利用正面管教的理念以及《教室里的正面管教》

中的方法和技巧，在中小学心理健康方面开展工作，帮助孩子们建立三个信念——"我能行""我的贡献有价值，大家确实需要我""我能够以自己的力量做出选择，对发生在我自己身上和我的群体中的事情产生积极影响"。帮助孩子们掌握在学校和人生中成功的四项技能："我能自律和自我控制""我能与他人相互尊重地共事""我理解我的行为会如何影响他人""我能够通过日常的练习，发展我的智慧和判断能力"。

3、正面管教在学前教育中的应用

简俏连园长分享了正面管教理念和幼儿园教育工作的结合，主要落实到四个方面：践行爱和自由的教育理念；运用正面管教的技能、方法和孩子们一起寻找归属感和价值感；让每个孩子在自己的优势基础上发展；大小共学、共同成长，幼儿园陪伴孩子、家长、老师一起成长。

4、正面管教在企业管理中的应用

林源芳：和善而坚定的沟通，能提升员工的归属感和价值感，激发团队的工作热情，使管理者的工作更加轻松，使普通员工大幅度提高工作绩效，同时还可以增强企业的凝聚力和竞争力。正面管教体系在企业中的运用，就像给自己插上了一对翅膀，让我们在工作中愈发得心应手！

互动体验：家庭教育工具箱

大家再次回归到熟悉的

小组里，以投票的方式决定讨论话题，小组成员每人抽取一张正面管教工具卡，讨论如何使用当前工具卡解决养育孩子中的一些常见问题，如"孩子拖拉、磨蹭""爱发脾气""不按时睡觉""不听话"等等。

大家从工具卡上的提示受到启发，通过热烈的讨论各抒己见，分享各种行之有效的解决方法，收获颇丰。

共建未来：对佛山正面管教的展望

蒋莉导师介绍了佛山正面管教EHE的管理团队以及2017年每月举办的活动，佛山EHE不仅是正面管教讲师互助的平台，也面向公众开放，大大地促进和推动了正面管教在佛山的传播与发展。在新的一年，蒋莉导师提出了对佛山EHE活动以及"正面管教+"模式在佛山落地应用的展望：每月举行一次EHE活动；每季度举行一次户外读书会；每年举办一次亲子活动；打造一支专业、温暖、项目合作式的佛山讲师队伍；探索"正面管教+"的模式，用更多的实践应用连接资源，开展"正面管教进学校、社区、企业"活动。

分享感受、收获鼓励

在结束活动时，所有人把今天收获到的最能鼓励自己的话写下来，揉成纸团抛向空中，大家欢乐地打起了"雪仗"，会场中下起了一场充满温暖鼓励的"雪"。主持人请所有人手拉手围成一个大大的圆圈，每个人轮流说出一个最能代表对本次年会的收获和感受的词。有人说"感动"，有人说"改变"，有人说"感恩遇见"……随着大家的分享，爱的力量也在圈中不断流动。

开学季的正面管教

（吴佩纯撰稿）

2018年9月15日，在台风登陆前夕，佛山正面管教EHE讲师互助第21期如期举行，气氛一如既往地高涨。这次活动主题是"开学季的正面管教"。

暑假分享 & 自我介绍

开场由Eva老师带来好玩又有趣的宾果游戏，大家互相分享着暑假的收获和欢乐，找人签名的过程让彼此拉近了距离。一轮游戏结束，大家意犹未尽，仍旧沉浸在欢乐的暑期回忆中。

紧接着是每个人的自我介绍。来自各行各业的爸爸妈妈，为了同一个目标相聚到今天的课堂，我们都想成为更好的父母。全场最引人注目的是一位妈妈带着自己13岁的女儿一起学习。她很爱自己的孩子，但不知道怎么表达爱，传递到孩子身上时往往起到"反效果"，所以她特地来学习。

体验式活动：画孩子 or 画父母

这个活动由何春霞老师带领，她将大家分成四组，每组的任务分别是：画出理想的孩子、典型的孩子、理想的家长、典型的家长。

小组成员领到任务后便开始热火朝天地讨论，将自己心中所想畅所欲言，并把讨论结果画出来。有的小组成员绘画功底好，人物画得既生动又传神；有的小组成员想象力丰富，所有的文字均用图画替代；有的小组成员字写得漂亮，人物用简笔画完成，配以文字说明；有的小组成员全面发展，图文并茂！有时候，图形胜过语言，通过一轮绘画及各小组的解说，家长们有机会了解到更多的现实情况，了解到我们对孩子的期盼与孩子行为之间的差距。

在分享收获过程中，有的学员说："'典型的家长'这一栏我也中了很多条！原来孩子心目中的理想家长是这样的，以后会努力往这个方向努力。""语言是有力量的，不管跟孩子还是身边人，都不要说狠话。"也有人表示："要学会接受不完美的自己以及不完美的孩子。孩子描绘出的'理想家长'引人深思，让我们有机会了解到孩子内心的想法。"

活动结束后，大家对春霞老师带领的活动做出了反馈，蒋莉导师最后提出了总结性建议。

体验式活动：授权与驱使

这项活动由黄伟明老师带领。老师邀请一位志愿者扮演没有完成作业的孩子，并让其余学员分成两组，一组扮演"驱使型家长"，另一组扮演"授权型家长"。

每一位"家长"都会拿到写有相应主题语句的小纸片，当"孩子"走到自己面前时说给"孩子"听；"驱使型家长"会说："我说过多少次让你早点完成作业？""为什么你就不能像哥哥一样自觉呢？""为什么你这么不负责任？""你到底想成为什么样的人？"……

听完所有的驱使型语句之后，讲师采访"孩子"，有什么感受、想法和决定。"孩子"表示：不开心，当下的想法是父母说的话完全听不进去，不会促使自己发生改变，也不想改变。

紧接着"孩子"来到"授权型家长"的面前，家长可以说：

"我太难过了，现在没有办法跟你讨论这个问题。还是把这件事放在家庭会议的议程当中，待我的情绪平缓一些再说吧。"说完之后，讲师再次采访"孩子"，了解他的想法、感受和决定。

这一次"孩子"表示：自己感受到被关注，会认真思考父母说的话，接下来会思考父母提出的问题而做出行动。家长们的收获也很多，对如何授权孩子完成自己的课题有了新的理解。

活动结束依旧是反馈环节，伟明老师的充分准备也得到了大家的一致赞赏。

家长互助PHP

两轮体验式活动过后，进入正面管教的特色活动PHP——家长互助解决实际问题，由黄国坚老师带领。"手机控"是此次需要解决的问题，大家头脑风暴出来的建议都可以尝试。例如，家长和孩子约定玩手机的时间、家长以身作则少玩手机、以其他资料代替手机、制定日常惯例表、建立特别时光、静音时间、设定每天亲子时光等。最后志愿者表示愿意尝试第九条建议"建立特别时光"，并践行一周。

相对而言，PHP的带领难度更大，黄国坚老师勇于挑战的精神感染了许多人，许多讲师纷纷表示下次EHE活动时也想挑战一下自己，认领PHP的带领工作！

结束时蒋莉导师带领大家用一句话或一个词分享今天的收获。每一次的EHE都是我们学习成长的好机会，蒋莉导师说："我们佛山正面管教EHE就是要创建一个社群，让大家可以相互学习，共同成长。"期待更多的人加入我们的大家庭！

户外读书会：陪一颗心长大

（林欢撰稿）

2019年3月23日上午，佛山正面管教EHE第28期活动——春季户外读书会，在佛山市三水区的一家艺术工作室（良仓）举行。

本次读书会由正面管教导师蒋莉博士发起，由讲师Eva和Vivian组织，吸引了16位伙伴的参与。更难得的是，此次读书会吸引了两个家庭全员参加。大家从佛山各地赶来，相约在良仓，自由游览，感受这里浓浓的艺术气息。在微风中，在木棉花下，在绿水环绕中，在燕子呢喃下，惬意地享受着大自然。

好书推荐

读书会开始后，每个人自我介绍并推荐一本书。这个环节，大家一起分享了最近读的书，介绍书的内容和背后的故事。

蒋莉博士分享的是《职场幸福课》，书中提到每年梳理自己的十大成就事件。洁雯分享了《天空的另一半》，谈到女性身上具备的力量和韧性，以及她们永不放弃的精神。玉佳结合自己工作中碰到的困惑，分享了《乡土中国》，从另外一个视角了解中国乡土社会。Victoria分享了《聪明的人是怎样管理时间的》，给大家带来管理时间的启示。燕杏给大家带来《正面管教》，虽然熟悉，但常读常新，每次都有新的启发。拉哥介绍的《时间简史》让我们大开眼界，从另一个角度来看问题。淑敏介绍了《沙盘游戏疗法手册》，她没有真正接触过沙盘游戏，只是听说过，现在才发现之前的理解有偏差。沙盘游戏更强调孩子的自愈。妙容为大家推荐了《遇见未知的自己》，希望大家可以更了解自己，让自己自在、解脱、快乐。

好书共读

在主持人Eva的带领下，大家共读《陪一颗心长大》中"成为自己的主人"这一章，大家静心阅读，自由书写，在交流中畅所欲言。有些伙伴从"放手"的角度来解读；有些伙伴结合自己的育儿经验来分享；有些伙伴从"让孩子成为自己的主人"与"让自己成为自己的主人"的角度来讨论；更有伙伴提出了"做更好的自己"与"更好地做自己"的区别。

之后，大家玩起了正面管教工具卡的游戏。每个人抽取三张工具卡，看工具卡上的内容与今天所探讨的主题是否吻合，是否适合指导我们应对今天讨论的问题，以及对大家有什么启发。游戏中大家发现，其实工具卡上的很多内容，对我们解决各种育儿问题都有很大的帮助。

分享收获

读书会的最后一个环节，大家畅所欲言，分享本次活动的收获与感受。大家对正面管教有了更加深刻的认识，彼此之间有了心与心的连接。当自己的努力和付出被大家看见时，当听到来自伙伴的鼓励的话语时，爱的气息在大家心中回荡，前行的力量更充足。

户外郊游

午餐后，我们去附近的冈头村转一转。徜徉在具有千年历史的古村落，处处都是浓郁的文化气息。淅淅沥沥的细雨中，我们几位小伙伴还去了附近的波子角水运村。河堤两旁，新绿的田野一望无际，充满春天的希望。一年之际在于春，我们感受着无限的生机，带着满满的感恩，去遇见更好的自己。

千人同读《正面管教》完美收官
佛山正面管教EHE第40期活动回顾

（曾惠晶撰稿）

2020年5月20~29日，知行读书会联合佛山正面管教EHE和社区、企业、机构，举办了千人同读《正面管教》线上活动，5月31日举办了精彩的线下交流会，这次活动大力推动了正面管教在佛山的传播与发展，意义非凡。

线上线下同读活动结束后，6月12日佛山正面管教EHE开展了线上主题活动，对千人同读《正面管教》活动进行回顾与总结，一共有50位讲师及家长在线参与。虽然是线上活动，但是每一位小伙伴的积极参与和热情互动都让大家感觉到彼此的连接，就像面对面交流一样，还一起拍下了欢乐的大合照！

首先是讲师许锚带领了有趣的热身活动，她请大家回忆起自己小时候曾经给家长带来的挑战，并且以"抢麦"的形式进行接龙游戏。大家抢着说："我小的时候不按时做作业""我小的时候很调皮"……这个活动让我们在面对孩子带来的挑战时，就像看到曾经的自己，对犯错误的孩子有了更多的同理心。

接下来是讲师们和家长们关于本次同读的精彩分享。讲师王玉佳提到，正面管教不仅改善了她与伴侣的关系和沟通方式，而且还应用于她的社工服务工作，她把这次千人同读活动带到社区活动中去，线上线下结合，让更多的家庭因正面管教而受益！

讲师李绍燕Amy以生动的故事和个人的企业管理实践经验，分享了如何把正面管教工具用在团队管理中，给职场中的小伙伴们带来了新的启发。

康世斌老师用独特的"拆字"方法，谈到了对"和善而坚定"的理解，还分享了孩子起床后不愿意去幼儿园的故事，让大家看到了一位智慧的爸爸如何从孩子的角度去思考和解决问题。

讲师黄瑛认为，家长不能替孩子承担学习的责任，但是家长可以提供恰当的环境、带动学习的氛围，还可以花时间训练孩子的自我管理能力，相信孩子能找到自己的学习方式。

余婷也分享了她与孩子之间的故事。她在实践正面管教中收获到了很多，儿子还对她说过：因为妈妈学过正面管教而自豪，他希望班上其他同学的父母也都能学习正面管教。

讲师黄伟明在线带领了正面管教的体验式活动：鼓励与表扬。我们从活动中感受到了表扬和鼓励这两种不同的表达风格以及两者的区别。比起表扬，孩子更需要的是鼓励。"孩子需要鼓励，就像植物需要水"，这也是正面管教中的一个重要的理念。

最后，讲师们对家长们提出的问题逐一答疑，由导师蒋莉进行补充和点评，帮助更多遇到类似问题的家长们，更好地理解和实践正面管教。这也是正面管教的魅力，它的工具都非常实用和接地气，可以活学活用，马上实践起来。

父亲节里的正面管教：如何协助父亲参与家庭教育
（霍雁峰撰稿）

在父亲节来临之际，佛山正面管教EHE迎来了2022年的首次线下活动，这已经是佛山EHE活动的第63期了，本次活动的主题是：父亲节里的正面管教。值得高兴的是，这次活动参与的父亲人数接近总人数的一半，我们看到了越来越多的父亲在关注家庭教育并参与到其中。

热身活动——做出改变

活动由廖新忠讲师带领。成员们两两搭档，转身背对背，第一轮用20秒的时间来改变与自身外表有关的三件事；第二轮还是用20秒改变三件事；第三轮20秒改变五件事。

刚开始的时候，伙伴们都感觉无从下手，不知道该改变些什么，随着第二轮、第三轮改变的进行才慢慢意识有很多地方可以做出改变。伙伴们在短短的时间内体验了改变的过程，开始虽然很困难、很有挑战性，但坚持下去会慢慢变得更容易。

体验式活动——鼓励与表扬

霍雁峰讲师带领的这项活动让伙伴们了解到鼓励与表扬的不同，以及它们给孩子带来的长期影响分别是什么。

表扬只是暂时有效，让孩子当时感觉很好，能短暂地激发孩子的良好行为，但从长期来看，它对孩子形成健康的自我认知并无促进。鼓励可以让孩子看到自己是能行的、自己的努力是值得的，而不是只专注于追求完美或取悦他人。表扬就像糖果，偶尔吃吃能让人愉悦；鼓励就像水，是自己和家人每天都需要的。

话题讨论：如何协助父亲参与家庭教育

话题讨论环节由蒋莉导师带领我们一起探讨：父亲参与家庭教育有哪些好处和挑战？如何协助父亲参与？

来参加现场活动的不仅有妈妈，还有爸爸，大家都认为父亲参与家庭教育不仅可以带来正能量、理性的思维模式，还可以对重大决策做出指引。但父亲的参与也面临很多挑战：比如陪伴时间短、参与度低、简单粗暴、缺乏耐心……这是一个永远聊不完的话题，重点是我们如何协助父亲更多地参与育儿。伙伴们也头脑风暴了一些建议，比如"妈妈做给爸爸看""像做创业项目一样参与家庭教育""举行家庭会议""邀请爸爸参与游戏"……

期待着这些建议的实践，让更多的爸爸参与到家庭教育中来。

家长互助环节

这个活动由霍雁峰讲师带领。一位父亲作为志愿者，分享了他在家庭教育中的困惑：家里的老二从小由爷爷奶奶带大，和父母感情不深。隔阂的背后蕴含着孩子怎样的心理密码呢？如何有效地处理这个问题呢？

讲师带领大家通过PHP活动中的角色扮演，倾听自己和他人的感受和决定，真正走进孩子的内心世界。大家一起使用头脑风暴的方式提供各种解决办法，再由当事人按照自己的情况选择合适的办法回到家庭中应用，帮助家长解决育儿问题。

我的正面管教故事

崔英淑讲师讲述了她和正面管教的故事，从与正面管教的偶然相遇，到参加正面管教讲师班，再到把正面管教运用到工作、个人成长、家庭教育中去……听着英淑讲师娓娓道来，现场的伙伴们收获了很多正能量，对正面管教也有了更多的认识。

2022年的首次线下EHE活动在一片欢声笑语中完美结束，有更多的父亲参与到家庭教育中来，是一件值得开心的事情。希望正面管教的力量能影响更多的父母和孩子一起共同成长。

带着正面管教去旅行

行文至此，历经两年多，终于要完成这本书的写作了，我的心中充满了感激。这本书不仅仅是我的正面管教养育实践，也是我们同行小伙伴们的共同实践。通过亲身实践而来的道理和行动，就像春天里树枝上长出的新叶，生机盎然，质朴动人。

前段时间和朋友聊天，朋友看到我内心笃定又充满热情的生命状态，不禁感慨："你一直很清楚自己要什么。"我说："是的。"她又问："你是如何做到的？"我回应："如果用一句话来概括，那就是'有梦想在引领'吧。"

从小到大，我有很多很多的梦想。小学三年级的时候，老师让我们写作文《将来长大了，我要做什么》，我写的是要当一名老师。也许很多人都写过这样的作文，当老师、当医生、当警察、当科学家……不过是写一篇作文罢了。但对我而言，这个梦想从没有改变，经过岁月的洗礼，它变得越来越清晰，也越来越坚定。如今，我已任教30多年，可以说是梦想成真了。

小时候，印象最深刻的是父亲的书架，摆满了历史书。我慢慢读懂了这些书，知晓了同学们所不知道的历史故事，那种喜悦的滋味让我回味无穷。大约是小学四五年级的时候，我生活的部队大院开放图书馆了，我开始了如饥似渴的阅读。透过这些书籍，我看到了更加辽阔的世界。也是从那时起，"读万卷书，行万里路"成为我一直以来的梦想。

至今我还能回想起读高三时的一个场景，那是一个午后，同学们都放假回家了，我独自一人坐在教室里思考人生。正巧看到一篇文章，说到人生的不同道路，粗略地可以分为三种：红道、黄道和黑道。这个说法我是第一次听到，感到新鲜有趣。书中说，从政要求又红又专，就是红道；经商要和钱打交道，赚的是真金白银，黄金是金灿灿的，就是黄道；做学问的，要不断深造，读大学、读研，博士是最高学位，学位帽是黑色的，就是黑道。我看了看，我好像更适合"走黑道"。那个年少的我，在考大学的前夕就决定将来要读到博士。大学毕业九年后，我继续攻读硕士和博士学位，从大学入学到博士毕业，跨越了整整20年。很多人听了我的求学经历，都觉得很励志："如此坚韧不拔，你是如何做到的？"我仔细想了想，还是在于梦想的力量吧。

上了大学，第一次学习心理学的专业课时，我就被深深地吸引了，从此心理学成了我一生的热爱。当年在大学图书馆阅读了大量的心理学书籍，我暗暗下定决心：将来要做科普工作，把心理学知识深入浅出地分享给更多的人。记得有一次，我在讲座中鼓励大家去追寻自己的梦想，也有人好奇地提问："蒋老师，您最大的梦想是什么？"我当时脱口而出："我最大的梦想是，让心理学的阳光照进更多人的心田。"

我一直想打造一条心理学理论与实践相结合的绿色通道，当遇见正面管教的时候，我的梦想终于聚焦了：传播正面管教，让心理学的阳光照进更多人的心田。从事心理健康教育工作多年，我知道，很多学生的心理问题往往意味着一个家庭系统出现了问题。从家庭心理健康教育入手，培养父母用积极正面的方式去养育人格健全的孩子，这是最好的出发点。

　　正面管教创始人简·尼尔森已经85岁了，她蓬勃有力的生命状态深深地感染着我。我又有了两个最美的愿望：当我80岁的时候，我至少去过80个国家；当我80岁的时候，我还在传播正面管教。正面管教高级导师波梅兰茨倡导的理念"全球视野、本土行动"，深入我心，已经成为我的行动指南。

　　我喜欢正面管教，也喜欢旅行，最好的方式莫过于带着正面管教去旅行了。我每年都会去美国参加正面管教智库（Think Tank）的活动，还去参加阿德勒夏季学院的学习，深入学习阿德勒流派理论，拓宽自己的视野。

　　阿德勒夏季学院每年在不同的国家举行，我准备跟着阿德勒夏季学院环游世界，把世界当成我终身学习的教室。正是带着这样的勇气，2019年我去罗马尼亚参加阿德勒夏季学院学习，独自完成了欧洲5国31天的自由行。我一边旅行，一边学习，一边工作，一边生活，渐渐地享受着这种感觉。我每天会出去走走，寻访名胜古迹，探索所在的城市，了解这个国家；我也会适当留出一些时间去工作，在旅途中带着《正面管教》这本书，完成线上读书会的工作；我几乎每天都安排了晨练的时间，感觉自己进入了旅行的新境界，不是走马观花地去看风景，而是换了一个新地方过着自己喜欢的生活。

传播正面管教，也让我走遍了全国各地，去影响帮助更多的家庭，和志同道合的朋友见面，在当地深度旅行。2021年5月在泉州进行正面管教培训时，我和好友在一家书店碰面，聊了很多和正面管教的故事，兴奋不已，我仿佛看到梦想在熠熠发光！说起未来的计划，我谈到了"带着正面管教去旅行"的构想，希望将来一边旅行，一边到当地的书店去分享正面管教，我还可以联系当地的正面管教讲师，进行专业交流。聊着聊着，我又有了新的目标，要是能带着自己写的书去分享，会更加鼓舞人心！

在美国访学的时候我就对导师波梅兰茨说，我很想写本书，把这段美好又难忘的经历记录下来，分享给更多的人。经过十年在正面管教领域里的深耕，我有了更多的体验和感悟，也有了更多的积累和沉淀。

2020年新冠疫情期间，我的写作热情重新燃烧起来。当时在一个微信群里，有位群友介绍自己坚持写作30年，他的话在我心中激起了层层浪花，我多么希望将来有一天，我也能骄傲地说自己坚持写作30年！这一年，我参加了一个写作营，每天更新1000字。我体验到，写作的最大绊脚石就是追求完美，有多少人为了完美而迟迟无法动笔！在写作营中，正面管教的理念"完成比完美更重要"时时鼓舞着我，帮助我完成了百日日更的写作训练。

其间，我还阅读了一些关于写作的书籍。《马上写出好文章》一开篇就问：是什么话题让你一谈起来就"两眼放光"？当你每天都和别人滔滔不绝地说起那一个话题时，你是否计划写本关于这个话题的书呢？如果还没有，那你应该计划了！这简直就是灵魂的拷问啊！我天天和亲朋好友说到正面管教，是时候写一本我和正面管教的书了。

带着这份"不完美的勇气"，我开始了书稿的写作。搭建框架、明确写作方向，就好像装上了"导航仪"，就像我们育儿要明确自己的养育目标一样，制定写作的"日常惯例表"，每天定时或定量地完成写作计划，鼓励自己"小步前进"。遇到写作卡壳的时候进行"积极暂停"，必要的时候适当休整，"照顾好自己"再出发。原来写作本身，就是践行正面管教理念的过程。

在写作的过程中，我还得到了很多的支持和帮助。我的大学同学、高级编审汤腊冬老师从一开始就用简单朴实的话鼓励我："你负责好好写书，我们负责好好出书，这是最好的合作。"感谢本书的责任编辑常玉轩和执行编辑刘林波提出了很多专业的建议，让书稿经过不断的修改，出落得有模有样！感谢我的学员和朋友们，感谢林源芳、黄瑛、钟剑涛、王红姣、熊江玲、谢家树等，书稿还在雏形的时候，他们已经是第一批读者，提出了很多宝贵的建议。感谢鄢李星对波梅兰茨导师推荐序的翻译，感谢林楚菡小朋友的手工配图和曾惠晶的电脑绘制。封面设计蕴含着巧妙的正面管教元素，感谢曾惠晶的创意和设计。还要感谢在书中贡献了文稿或照片的小伙伴们，他们的支持让这本书更加生动、有力量。最后，特别感谢我的家人们给予我爱和力量，一直温暖我、支持我。这本书的写作与出版，正是用实际行动诠释了正面管教所倡导的合作精神。

在不久的将来，我要开启我的梦想之旅——"带着正面管教去旅行"，走遍祖国的大江南北，游历风景名胜，寻访当地的名人故居，了解名人的成长故事和家庭文化，了解当地的家庭教育特色，同时也去分享我的新书，分享我和正面管教的故事，分享正面管教在工作和生活中的实际应用。

当你阅读这本书时，你会发现，正面管教不仅适用于亲子关系，也适用于其他人际关系。和善而坚定，不只是一种养育的态度，也是一种生活方式。我诚挚地邀请你学习了解正面管教，让正面管教的理念融入生活和工作当中。人生就是一场旅行，带着正面管教去旅行吧！

亲爱的朋友们，我期待着，在你生活的地方和你相遇，和你一起遇见正面管教。让我们以正面管教的方式共同成长，成为更好的父母，成为更好的自己！